VOLUMEN II

ORACIONES CON PODER

Un MANUAL DE
ORACIONES BASADAS EN LA BIBLIA

GERMAINE COPELAND

Disponible en inglés en Access Sales International (ASI)
P.O. Box 700143, Tulsa, OK 74170-0143, Fax # 918-496-2822

Publicado por
Editorial **Unilit**
Miami, Fl, U.S.A.
Derechos reservados

Primera edición 1999

Publicado en inglés con el título: *Prayers That Avail Much, Vol. 2* por Harrison
House Publishing, P.O. Box 35035, Tulsa, Oklahoma 74153.

Traducido al español por Silvia Bolet de Fernández

Producto 550114
ISBN 0-7899-0691-0
Impreso en Colombia
Printed in Colombia

Contentido

✣✥✣✥✣

Parte II: Oraciones intercesoras por otras personas

Oraciones por el pueblo y ministerios de Dios

Oraciones por las necesidades de otros

Prólogo

❧❧❧❧❧

Las oraciones en este libro son para ser usadas por usted para usted y otras personas. Estas son materia del corazón. A propósito, alimente su espíritu con ellas. Permita que el Espíritu Santo haga de la Palabra una realidad en su corazón. Su espíritu será estimulado a la Palabra de Dios, y usted comenzará a pensar como Dios piensa y a hablar como Él habla. Se encontrará a sí mismo vertiendo Su Palabra y hambriento por más y más de ella. El Padre recompensa a aquellos que le buscan con diligencia (Hebreos 11:6).

Medite en las Escrituras enumeradas con estas oraciones.En ninguna manera son estas las únicas Escrituras sobre ciertos temas, pero son un comienzo.

Estas oraciones deben ser ayuda y guía para usted y para poder familiarizarse mejor con su Padre celestial y Su Palabra. No sólo su Palabra afecta su vida, sino que también afectará a otros por medio suyo, porque podrá aconsejar con certeza a aquellos que se acercan a usted por consejo. Si usted no puede aconsejar a alguien con la Palabra, no tiene nada con qué aconsejar. Camine en el consejo de Dios, y valore su sabiduría (Salmo 1; Proverbio 4:7,8). Las personas están buscando algo en lo que puedan depender. Cuando alguien en necesidad se acerca a usted, puede señalarle esa porción de la Palabra de Dios que es la respuesta a su problema. Usted se vuelve victorioso, confiable, y la persona con la respuesta, porque su corazón está firme y establecido en Su Palabra (Salmo 112).

Una vez que comienza a ahondar en la Palabra de Dios, tiene que comprometerse a ordenar su conversación de forma correcta (Salmo 50:23). Esto es ser un hacedor de la Palabra. La fe tiene siempre un buen reporte. Usted no puede orar con efectividad por usted mismo, por otra persona, o sobre algo y luego hablar en forma negativa sobre el asunto (Mateo 12:34-37). Esto es ser de doble ánimo, y el hombre de doble ánimo *no recibe cosa alguna* de Dios (Santiago 1:6-8).

En Efesios 4:29,30 está escrito:

Ninguna palabra corrompida salga de vuestra boca, sino la que sea buena para la necesaria edificación, a fin de dar gracia a los oyentes. Y no contristéis al Espíritu Santo de Dios, con el cual fuisteis sellados para el día de la redención.

Permita que estas palabras caigan dentro de lo más profundo de su ser. Nuestro Padre tiene tanto, pero tanto que decir sobre ese pequeño miembro que es la lengua (Santiago 3). No le dé oportunidad al diablo al entrar en preocupaciones, falta de perdón, contienda y críticas. Ponga fin a conversaciones tontas y frívolas (Efesios 4:27; 5:4). Usted debe ser bendición para los demás (Gálatas 6:10).

Hable la respuesta, no el problema. La respuesta está en la Palabra de Dios. Usted tiene que tener conocimiento de esa Palabra, conocimiento revelado (1 Corintios 2:7-16).

Como intercesor, únase a los demás en oración. La oración unida es un arma poderosa que el Cuerpo de Cristo debe usar.

Crea que recibe cuando ora. Confiese la Palabra. Sosténgase firme a su confesión de fe en la Palabra de Dios. Permita que su espíritu ore a través del Espíritu Santo. Alabe a Dios por la victoria *ahora* antes de cualquier manifestación. *Camine por fe y no por vista* (2 Corintios 5:7).

No titubee por las circunstancias adversas. Mientras Satanás intenta retarle, resístale firme en la fe, dejando que la paciencia tenga su obra perfecta (Santiago 1:4). Tome la Espada del Espíritu y el escudo de la fe y apague todos sus dardos de fuego (Efesios 6:16,17). Toda la obra sustituta de Cristo fue por usted. Satanás es ahora un enemigo derrotado porque Jesús lo conquistó (Colosenses 2:14,15). Satanás es conquistado por la sangre del Cordero y la Palabra de nuestro testimonio (Apocalipsis 12:11). Luche la buena batalla de la fe (1 Timoteo 6:12). Resista al enemigo y esté firme en la fe oponiéndose a su aparición, arraigado, establecido, firme y determinado (1 Pedro 5:9). Hable la Palabra de Dios con denuedo y valentía.

Su deseo deberá ser el agradar y bendecir al Padre. A medida que ora en línea con Su Palabra, Él escuchará con gozo, que ustedes, Sus hijos, están viviendo y andando en la Verdad (3 Juan 4).

Qué emocionante saber que las oraciones de los santos están para siempre en el aposento real (Apocalipsis 5:8). ¡Aleluya!

Alabe a Dios por Su Palabra y lo ilimitado de la oración en el nombre de Jesús. Le pertenece a cada hijo de Dios. Por lo tanto, corra con paciencia la carrera que está puesta delante de usted, puestos sus ojos en Jesús el autor y perfeccionador de su fe (Hebreos 12:1,2). La Palabra de Dios, puede edificarle y ofrecerle su justa herencia entre todos los que Dios ha separado (Hechos 20:32).

¡Comprométase a orar y orar de forma correcta acercándose al trono con su boca llena de Su Palabra!

Introducción

...La oración eficaz del justo puede mucho.

Santiago 5:16

Orar es tener compañerismo con el Padre, un contacto vital, personal con Dios, quien es más que suficiente. Nosotros debemos estar en comunión constante con Él:

Porque los ojos del Señor están sobre los justos, y sus oídos atentos a sus oraciones...

1 Pedro 3:12

La oración no debe ser una forma religiosa sin ningún poder. Son para ser efectivas, precisas producir *resultados*. Dios vigila sobre su Palabra para ponerla por obra. (Jeremías 1:12).

Las oraciones que producen resultados tienen que ser basadas en la Palabra de Dios.

Porque la palabra de Dios es viva y eficaz, y más cortante que toda espada de dos filos; y penetra hasta partir el alma y el espíritu, las coyunturas y los tuétanos, y discierne los pensamientos y las intenciones del corazón.

Hebreos 4:12

La oración es esa Palabra "viva" en nuestras bocas. Nuestras bocas tienen que declarar fe, porque la fe es lo que agrada a Dios (Hebreos 11:6). Nosotros levantamos su Palabra delante de Él en oración, y nuestro Padre se ve a sí mismo en su Palabra.

La Palabra de Dios es nuestro contacto con Él. Le recordamos su Palabra (Isaías 43:26) presentando una demanda en su habilidad en el nombre de nuestro Señor Jesús. Le recordamos que Él suple todas nuestras necesidades de acuerdo a sus riquezas en gloria por Jesucristo (Filipenses 4:19). Esa Palabra no regresa a Él vacía, sin producir algún efecto, inservible; sino *hará* cumplir aquello que le complace y su propósito, y prosperará en aquello para que

Él la envió. (Isaías 55:11). ¡Aleluya!

Dios *no* nos dejó sin sus pensamientos y sus deseos porque tenemos su Palabra, su garantía. Dios nos ordena que le llamemos, y Él responderá y nos mostrará cosas grandes y poderosas (Jeremías 33:3). La oración es para emocionarnos, no para aburrirnos.

Se necesita que alguien ore. Dios obra mientras nos movemos en fe, creyendo. Él dice que sus ojos contemplan de un lugar a otro toda la tierra, para mostrar su poder a favor de los que tienen corazón perfecto para con él (2 Crónicas 16:9). Estamos sin manchas (Efesios 1:4). Somos sus propios hijos (Efesios 1:5). Somos su justicia en Jesucristo. (2 Corintios 5:21). Él nos dice que nos acerquemos con confianza al trono de la gracia, y *alcancemos* misericordia y encontremos gracia para el oportuno socorro (Hebreos 4:16). ¡Alabado sea el Señor!

La armadura de oración es para todo creyente, todo miembro del cuerpo de Cristo, que se la ponga y camine en ella, porque las armas de nuestra milicia *no son carnales* sino poderosas en Dios para la destrucción de fortalezas del enemigo (Satanás, el dios de este mundo, y todas sus fuerzas demoníacas). La guerra espiritual toma lugar en oración (2 Corintios 10:4; Efesios 6:12,18).

Hay muchos tipos diferentes de oración, tales como la oración de agradecimiento y alabanza, la oración de dedicación y adoración, y la oración que cambia las *cosas* (no a Dios). Toda oración envuelve un tiempo de compañerismo con el Padre.

En Efesios 6, se nos ordena tomar la Espada del Espíritu que es la Palabra de Dios y *orando en todo tiempo con toda oración y súplica en el Espíritu, y velando en ello con toda perseverancia y súplica por todos los santos* (Efesios 6:18).

En 1 Timoteo 2, se nos exhorta y urge que *se haga rogativas, oraciones, peticiones y acciones de gracias, por todos los hombres* (1 Timoteo 2:1). *Orar es nuestra responsabilidad.*

La oración tiene que ser el fundamento del esfuerzo de cada cristiano. Cualquier fracaso es un fracaso de oración. Nosotros *no* debemos estar ignorantes en cuanto a la Palabra de Dios. Dios desea que su pueblo tenga éxito, que esté lleno de un conocimiento profundo y claro de su voluntad (su Palabra), y que muestre frutos en toda buena obra (Colosenses 1:19-13). Nosotros entonces le ofrecemos honor y gloria a Él (Juan 15:8). Él desea que nosotros sepamos cómo orar, porque *la oración de los rectos es su gozo* (Proverbios 15:8).

Nuestro Padre no nos ha dejado desamparados. Él no sólo nos ha dado su Palabra, sino que también Él nos ha dado al Espíritu Santo para ayudar nuestras debilidades; porque qué hemos de pedir como conviene no lo sabemos (Romanos 8:26). ¡Alabado sea Dios! Nuestro Padre ha provisto a su pueblo con toda vía posible para asegurar su completa y total victoria en sus vidas en el nombre de nuestro Señor Jesús (1 Juan 5:3-5).

¡Nosotros oramos al Padre, en el nombre de Jesús, por medio del Espíritu Santo, de acuerdo a la Palabra!

Usando la Palabra de Dios a propósito, en especial, en oración es una forma de oración, y ésta es la manera más efectiva y exacta. Jesús dijo, *...Las palabras que yo os he hablado son espíritu y son vida* (Juan 6:63).

Cuando Jesús se enfrentó a Satanás en el desierto, Él dijo, "Escrito está,...escrito está,...escrito está". Debemos vivir, mantenernos y sostenernos con cada Palabra que sale de la boca de Dios (Mateo 4:4).

Santiago, por el Espíritu, nos amonesta que no tenemos, porque no pedimos. Pedimos y no recibimos, porque pedimos mal (Santiago 4:2,3). Tenemos que prestar atención a esta amonestación porque tenemos que convertirnos en expertos en la oración para usar bien la Palabra de Dios (2 Timoteo 2:15).

Usando la Palabra en oración *no* es sacarla de contexto, porque el uso de su Palabra es la clave de las oraciones contestadas, de la oración que produce resultados. Y a aquel que es poderoso para hacer todas las cosas mucho más abundantemente de lo que pedimos o entendemos, según el poder que actúa en nosotros (Efesios 3:20). El poder descansa dentro de la Palabra de Dios. Está ungido por el Espíritu Santo. El Espíritu de Dios no nos aleja de la Palabra, porque la Palabra es del Espíritu de Dios. Nosotros podemos aplicar esa Palabra de forma personal a nosotros y a otros, sin añadir ni quitar de ella, en el nombre de Jesús. Aplicamos la Palabra al *presente*, sobre aquellas cosas, circunstancias y situaciones que cada uno de nosotros enfrentamos *ahora*.

Pablo fue muy específico y definido en su oración. Los primeros capítulos de Efesios, Filipenses, Colosenses y 2 Tesalonicenses son ejemplos de cómo Pablo oró por los creyentes. Hay muchos otros. *Búsquelo*. Pablo escribió bajo la inspiración del Espíritu Santo. ¡Nosotros podemos usar hoy estas oraciones dadas por el Espíritu Santo!

En 2 Corintios 1:11, 2 Corintios 9:14, y Filipenses 1:4, vemos ejemplos de cómo los creyentes oraron unos por otros, poniendo a los demás primero en sus vida de oración con *gozo*. Nuestra fe obra por el amor (Gálatas 5:6). Nosotros crecemos de forma espiritual a medida que nos esforzamos para ayudar a los demás, orando por y con ellos y presentándoles a ellos la Palabra de Vida (Filipenses 2:16).

El hombre es un espíritu, él tiene un alma, y vive en un cuerpo (1 Tesalonicenses 5:23). Para poder operar con éxito, cada una de estas tres partes, tienen que ser alimentadas de forma apropiada. El alma o intelecto se alimenta de alimento intelectual para producir fuerza intelectual. El cuerpo se alimenta de alimento físico, para producir fuerza física. El espíritu, el corazón u hombre interior, es el verdadero usted; la parte que ha nacido de nuevo en Jesucristo. Tiene que ser alimentado de alimento espiritual, que es la Palabra de Dios, para poder producir y desarrollar fe. A medida que nos damos banquete con la Palabra de Dios, nuestras mentes se renuevan con su Palabra, y adquirimos una fresca actitud mental y espiritual (Efesios 4:23,24).

De la misma manera, debemos presentar nuestros cuerpos como sacrificio vivo, santo, agradable a Dios (Romanos 12:1) y no deje que ese cuerpo nos domine sino traigámoslo a sumisión bajo el hombre espiritual (1 Corintios 9:27). La Palabra de Dios es salud y vida a todo nuestro cuerpo (Proverbios 4:22). Por lo tanto, la Palabra de Dios afecta cada parte nuestra, espíritu, alma y cuerpo. En esencia, somos unidos al Padre, a Jesús y al Espíritu Santo, uno con ellos (Juan 16:13-15, Juan 17:21, Colosenses 2:10).

La Palabra de Dios, este alimento espiritual, echa raíces en nuestros corazones, toma forma por la lengua, y es hablada cuando sale de nuestra boca. Esto es poder creativo. La Palabra hablada, obra a medida que la confesamos y luego le aplicamos acción a la misma.

Sé hacedor de la Palabra, y no tan sólo oidores, engañándoos a vosotros mismos (Santiago 1:22). La fe sin obras corresponde a una acción que está *muerta* (Santiago 2:17). No sea uno que sólo asiente mentalmente; aquellos que están de acuerdo en que la Biblia es verdad, pero nunca actúa sobre ella. *La fe real actúa sobre la Palabra de Dios. Nosotros no podemos edificar la fe sin practicar la Palabra. No podemos desarrollar una vida de oración efectiva que no sea otra cosa que un grupo de palabras vacías a menos que la Palabra de Dios en realidad tenga una parte en nuestras vidas. Debemos asirnos con fuerza a nuestra confesión* de la veracidad de la Palabra. Nuestro Señor Jesús es el sumo sacerdote de nuestra confesión (Hebreos 3:1), y Él es la garantía de un mejor acuerdo, un pacto más excelente y beneficioso (Hebreos 7:22).

La oración no hace que la fe obre, pero la fe hace que la oración obre. Por lo tanto, cualquier problema de oración es un problema de duda, dudando la integridad de la Palabra y la habilidad de Dios apoyar sus promesas o concretas afirmaciones en la Palabra.

Podemos pasar horas muertas en oración si nuestros corazones no están preparados de antemano. La preparación del corazón, del espíritu, viene con la meditación en la Palabra del Padre, la meditación de lo que somos en Cristo, lo que Él es para nosotros, y lo que el Espíritu Santo puede significar para nosotros a medida que nos volvemos conscientes a la mente de Dios. Según Dios le dijera a Josué (Josué 1:8), a medida que meditamos en la Palabra de día y de noche, y hacemos de acuerdo a todo lo que está escrito, entonces haremos que nuestros caminos prosperen y tengamos éxito. Tenemos que atender la Palabra de Dios, someternos a sus estatutos, mantenerlas en el centro de nuestros corazones, y rechazar toda conversación contraria (Proverbios 4:20-24).

Cuando usamos la Palabra de Dios en oración, esto *no* es algo que nosotros simplemente hacemos con prisa haciéndolo una vez, y hemos terminado. *No* se equivoque. No hay nada "mágico" ni "manipulativo" sobre esto, no hay un patrón establecido, o método para poder satisfacer lo que deseamos o pensamos en nuestra carne. En su lugar, estamos sosteniendo la Palabra de Dios ante Él. Nosotros confesamos que lo que Él dice nos pertenece a nosotros.

Esperamos en su intervención divina, mientras escogemos no mirar a las cosas que se ven, sino a las que no se ven, porque las cosas que se ven están sujetas a cambio. (2 Corintios 4:18).

La oración basada en la Palabra de Dios se levanta por encima de los sentidos, hace contacto con el Autor de la Palabra, y establece sus leyes espirituales en movimiento. No es sólo decir oraciones que producen resultados, sino es pasar tiempo con el Padre, aprendiendo de su sabiduría, sacar de su fuerza, siendo lleno con su tranquilidad, y disfrutar en su amor que trae resultados a nuestras oraciones. ¡Alabado sea el Señor!

Las oraciones en este libro son diseñadas para enseñarle y entrenarle en el arte de la confesión personal y la oración intercesora. A medida que usted las ora, usted estará reforzando la armadura de oración que se nos ha ordenado llevar en Efesios 6:11. El material de que está hecha la armadura es la Palabra de Dios. Debemos vivir según cada palabra que procede de la boca de Dios. Nosotros deseamos todo el consejo de Dios, porque sabemos que nos cambia. Al recibir ese consejo, usted será *...transformado por medio de la renovación de vuestro entendimiento, para que comprobéis cuál sea la buena voluntad de Dios agradable y perfecta* (Romanos 12:2).

Las oraciones de confesión personal de la Palabra de Dios para uno mismo, pueden ser usadas como oraciones intercesora para los demás, con sólo orarlas en tercera persona, cambiando el pronombre *yo* o *nosotros* por el nombre de la persona o personas por quien usted está intercediendo y ajustando los verbos de acuerdo a la oración.

Las oraciones de intercesión tienen blancos en los cuales usted (como individuo o grupo) debe llenar los espacios con el nombre(s) por quien está orando. Estas oraciones de intercesión pueden de igual forma ser hechas oraciones de confesión personal para uno mismo (o su grupo) al insertar su propio nombre(s) y el pronombre personal apropiado en los lugares apropiados.

Una pregunta que a menudo se hace es: "¿Cuántas veces debiera orar la misma oración?"

La respuesta es simple: usted ora hasta que sepa que la respuesta está firme en su corazón. Después, usted necesita repetir la oración siempre que circunstancias adversas o períodos de tiempo largos causen que seas tentado a dudar que su oración ha sido escuchado y su respuesta otorgada.

La Palabra de Dios es su arma en contra de la tentación o desánimo y la preocupación en su vida. Cuando esa palabra de promesa se establece en su corazón, se encontrará alabando, dando gloria a Dios por la respuesta, aún cuando la única evidencia que usted tenga de esa oración sea su propia fe.

Otra pregunta que a menudo se hace es: "Cuando repetimos las oraciones más de una vez, ¿no estamos haciendo 'vanas repeticiones'?"

Está claro que tales personas se refieren a la amonestación de Jesús cuando le dijo a Sus discípulos: *Y orando, no uséis vanas repeticiones, como los gentiles, que piensan que por su palabrería serán oídos* (Mateo 6:7). El orar la Palabra de Dios, no es orar el tipo de oración que los "paganos" oran. Usted notará en I Reyes 18:25-29 el tipo de oración que fue ofrecida a los dioses que no podían oír. Esa no es la forma que usted y yo oramos. Las palabras que nosotros hablamos no son vanas, sino son espíritu y vida, y poderosas por medio de Dios para derribar fortalezas. Nosotros tenemos un Dios, cuyos ojos están sobre los justos y cuyos oídos están abiertos a nosotros; cuando nosotros oramos, Él nos escucha.

Usted es la justicia de Dios en Cristo Jesús, y sus oraciones pueden mucho. Éstas traerán salvación al pecador, liberación al oprimido, sanidad al enfermo, y prosperidad al pobre. Ellos acompañarán el próximo mover de Dios en la tierra. Además de estar afectando las circunstancias externas y otras personas, sus oraciones también tendrán efecto sobre usted mismo.

En el mismo proceso de la oración, su vida cambiará a medida que va de fe en fe y de gloria en gloria.

Como cristiano, su primera prioridad es amar al Señor tu Dios con todo tu ser, y a tu prójimo como a ti mismo. Usted es llamado a ser un intercesor, un hombre o mujer de oración. Usted debe de buscar el rostro del Señor mientras inquieres, escuchas, meditas y consideras en el templo del Señor.

Como uno de los "apartados de Dios", la voluntad del Señor para tu vida es la misma que la que es cierta para cualquier otro verdadero creyente: *...buscad primeramente el reino de Dios y su justicia, y todas estas cosas os serán añadidas* (Mateo 6:33).

Confesiones personales

*J*esús es el Señor sobre mi espíritu, mi alma y mi cuerpo Filipenses (2:9-11).

Jesús me ha sido hecho sabiduría, justicia, santificación y redención. Yo todo lo puedo en Cristo que me fortalece (1 Corintios 1:30, Filipenses 4:13).

El Señor es mi pastor, nada me faltará. Mi Dios suplirá todas mis necesidades de acuerdo a sus riquezas en gloria en Cristo Jesús (Salmo 23, Filipenses 4:19).

Yo no tengo temor ni ansiedad en cuanto a nada. No tengo ninguna preocupación (Filipenses 4:6, 1 Pedro 5:6,7).

Yo soy el cuerpo de Cristo. He sido redimida de la maldición, porque Jesús llevó mis enfermedades y cargó con mis dolencias en su propio cuerpo. Por sus heridas yo soy sanado. Yo prohíbo a cualquier enfermedad o dolencia a operar en mi cuerpo. Cada órgano, cada tejido de mi cuerpo funciona a la perfección porque Dios los creó para funcionar. Yo honro a Dios y le ofrezco gloria a Él en mi cuerpo (Gálatas 3:13, Mateo 8:17, 1 Pedro 2:24, 1 Corintios 6:20).

Tengo la mente de Cristo y mantengo los pensamientos, sentimientos y propósitos de su corazón (1 Corintios 2:16).

Yo soy un creyente y no un incrédulo. Yo sostengo con firmeza mi confesión de fe. Yo decido caminar por fe y practicar la fe. Mi fe viene por el oír y el oír por la palabra de Dios. Jesús es el autor y el perfeccionador de mi fe (Hebreos 4:14, Hebreso 11:6, Romanos 10:17, Hebreos 12:2).

El amor de Dios ha sido derramado hasta desbordarse en mi corazón, por el Espíritu Santo, y su amor habita en mí en abundancia. Yo me mantengo en el reino de la luz, en amor, en la Palabra, y el maligno no puede tocarme (Romanos 5:5, 1 Juan 4:16, 1 Juan 5:18).

Yo piso sobre serpientes y escorpiones y sobre todos los poderes del enemigo. Yo tomo mi escudo de la fe y apago todos sus dardos de fuego. Mayor es aquel que vive en mí que el que está en el mundo (Salmo 91;13, Efesios 6:16, 1 Juan 4:4).

Yo he sido librado de este presente mundo malo. Estoy sentado con Cristo en lugares celestiales. Vivo en el reino del amado Hijo de Dios. La ley del espíritu de vida en Cristo Jesús me ha librado de la ley del pecado y de la muerte (Gálatas 1:4, Efesios 2:6, Colosenses 1;13, Romanos 8:2).

Yo *no* tengo temor, porque Dios me ha dado un espíritu de poder, de amor, y de dominio propio. Dios está de mi lado (2 Timoteo 1:7, Romanos 8:31).

Yo escucho la voz del Buen Pastor. Yo escucho la voz de mi Padre, y la voz de un extraño no sigo. Yo pongo mis obras en el Señor. Se las entrego y confío a Él por completo. Él hará que mis pensamientos sean agradables a su voluntad, y de igual forma mis planes serán establecidos y tendrán éxito (Juan 10:27, Proverbios 16:3).

Yo soy uno que vence al mundo porque soy nacido de Dios. Yo represento al Padre y a Jesús también. Yo soy un miembro útil en el cuerpo de Cristo. Soy su hechura, recreado en Cristo Jesús. Dios, mi Padre, mientras tanto está trabajando en mí con eficacia tanto para querer como el hacer su buena voluntad (1 Juan 5:4,5, Efesios 2:10, Filipenses 2:13).

Yo dejo que la Palabra habite en mí con abundancia. Aquel que comenzó en mí la buena obra, la perfeccionará hasta el día de Cristo (Colosenses 3:16, Filipenses 1:6).

PARTE I

Oraciones
Personales

Oraciones
de
Compromiso

1

❧❧❧❧

Orar

Padre en el nombre de Jesús, te doy gracias, porque nosotros somos colaboradores de Dios, y porque me has llamado a ser un colaborador, a promover y laborar juntos, contigo y para ti, me comprometo a orar y a no acobardarme, desmayar, desanimarme o rendirme.

Me acerco pues, confiadamente, sin temor y descansadamente al trono de la gracia, para alcanzar misericordia y hallar gracia para el oportuno socorro para cada necesidad, ayuda apropiada, ayuda a tiempo, que viene justo cuando yo (y otros) la necesitamos. Esta es la confianza que tengo en ti, que si yo pido alguna cosa conforme a tu voluntad, tú me oyes. Y si sé que tú me oyes en cualquiera cosas que te pido, sé que tengo las peticiones que te haya hecho.

Y de igual manera el Espíritu nos ayuda en nuestra debilidad; pues, ¿qué hemos de pedir como conviene? No lo sabemos. Te doy gracias Padre, porque el Espíritu mismo viene en mi ayuda, y me sostiene en mi debilidad (mi inhabilidad de producir resultados). Él, el Espíritu Santo, sale a suplir mi necesidad e intercede a mi favor con gemidos indecibles. Mas el que escudriña los corazones, sabe cuál es la intención del Espíritu, porque conforme a la voluntad de Dios intercede por los santos. Por lo tanto, estoy seguro y sé que (siendo Dios mi compañero de labor) a los que aman a Dios, todas las cosas ayudan a bien [caen en su lugar], esto es, a los que conforme a su propósito son llamados.   Yo amo a Dios y soy llamado de acuerdo a su designio y propósito.

Por nada estoy afanoso ni tengo ansiedad sobre cosa alguna, sino que en toda circunstancia y en todo son conocidas mis peticiones [peticiones definidas] delante de Dios en toda oración y ruego, con acción de gracias. Todo lo que pido orando, creo que me será concedido y lo recibo.

La oración (del corazón, continua) eficaz del justo puede mucho, dinámica en su obrar. Padre yo vivo en ti, habito en vitalidad unido a ti, y tus palabras habitan en mí y continúan viviendo en mi corazón. Por lo tanto todo lo que pido me será hecho. Cuando yo llevo (produzco) mucho fruto (por medio de la oración) tú, Padre, eres honrado y glorificado. ¡Aleluya!

Escrituras de referencia

1 Corintios 3:9a	Filipenses 4:6
Lucas 18:1	Marcos 11:24
Hebreos 4:16	Santiago 5:16b
1 Juan 5:14,15	Juan 15:7,8
Romanos 8:26-29	

2

❧❧❧

Poniéndose la armadura de Dios

En el nombre de Jesús, yo me pongo toda la armadura de Dios, para que pueda estar firme contra las asechanzas del diablo. Porque no tengo lucha contra sangre y carne, sino contra principados, contra potestades, contra los gobernadores de las tinieblas de este siglo, contra huestes espirituales de maldad en las regiones celestes.

Por tanto, tomo toda la armadura de Dios, para poder resistir en el día malo, y habiendo acabado todo, estar firmes. Estoy, pues, firme, ceñidos mis lomos con la verdad, y vestido con la coraza de justicia. Tu palabra, Señor, que es verdad, contiene todas las armas de mi milicia, que no son carnales, sino poderosas en Dios para la destrucción de fortalezas.

Tengo puesta la coraza de justicia; que es fe y amor. Mis pies están calzados con el apresto del Evangelio de la paz. En Cristo Jesús tengo paz, y busco la paz con todos los hombres y la sigo. Soy un ministro de reconciliación proclamando las buenas nuevas del Evangelio.

Tomo el escudo de la fe, con que podré apagar todos los dardos de fuego del maligno, y el yelmo de la salvación (*guardando los pensamientos, sentimientos y propósitos del corazón de Dios*), y la espada del Espíritu, que es la palabra de Dios. Frente a los problemas, pruebas, tentaciones y tribulaciones, yo rompo en pedazos la trampa del enemigo, hablando la Palabra de Dios. Mayor es Aquel que vive en mí, que aquel que está en el mundo.

Gracias, Padre, por la armadura. Yo oraré sin cesar, en cada ocasión y en cada tiempo, en el Espíritu, con [todo tipo de] oración y súplica. Para que al fin me mantenga alerta y vigilando con un propósito firme y perseverancia, intercediendo a favor de todos los santos. Mi poder y habilidad y suficiencia proviene de Dios, quien me ha hecho competente para ministrar y ofrecer un nuevo pacto [de salvación por medio de Cristo]. Amén.

Escrituras de referencias

Efesios 6:11-14a	Salmo 34:14
Juan 17:17b	2 Corintios 5:18
2 Corintios 10:4	Efesios 6:16,17
Efesios 6:14b,15	1 Juan 4:4b
Efesios 2:14,	2 Corintios 3:5,6

3

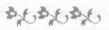

Glorificar a Dios

Observando todas las misericordias de Dios, tomo una decisión de dedicar mi cuerpo, presentándolo como sacrificio vivo, santo, agradable a Dios que es mi culto racional. No es en mi propia fuerza Señor, porque Dios es el que en mí produce así el querer como el hacer, por su buena voluntad.

Padre, no retrocederé o me achicaré con temor, porque entonces tu alma no se agradaría de mí. Yo fuí comprado por un precio, adquirido con tesoro y pagado, hechos de tu propiedad. Así que entonces, yo te honro, Señor, y te glorifico en mi cuerpo.

Yo te invoqué en el día de la angustia; tú me libraste, y yo te honraré y glorificaré. Me regocijo porque tú me libraste y atrajiste hacia ti, sacándome del dominio y control de las tinieblas *(oscuridad)* y transferido en el reino de tu amado Hijo. Te alabaré, oh Señor, Dios mío, con todo mi corazón, y glorificaré tu nombre para siempre.

Como un siervo en cadenas de Jesucristo, yo recibo y desarrollo los talentos que me han sido dados, porque haré que digas de mí, "Bien, buen siervo (honorable y admirable) y fiel". Uso los dones (facultades, talentos, cualidades) de acuerdo a la gracia que me ha sido dada. Dejo que mi luz alumbre, de tal manera delante de los hombres, que ellos puedan ver mi excelencia moral y mérito, nobleza y buenas obras, y reconozcan y honren y alaben y glorifiquen a mi Padre que está en los cielos.

En el nombre de Jesús, yo dejo que mi vida exprese con amor, la verdad en todas las cosas; hablando verdad, tratando con honestidad, viviendo con sinceridad. Todo lo que hago, no importa lo que esto sea, en palabras o en obras, hago todo en el nombre del Señor Jesús y en [dependiendo de] su persona, dando alabanza a Dios el Padre por medio de Él. Cualquiera que sea mi tarea, trabajo en ella de todo corazón (con el alma), como si lo hiciera para el Señor y no para los hombres. Toda gloria y honor y alabanza sea para Dios el Padre. Amén.

Escrituras de referencia

Romanos 12:1	Mateo 25:21
Filipenses 2:13	Romanos 12:6
Hebreos 10:38b	Mateo 5:16
1 Corintios 6:20	Efesios 4:15
Salmo 50:15	Colosenses 3:17
Colosenses 1:13	Colosenses 3:23
Salmo 86:12	

4

Santificación

Padre, en el nombre de Jesús, me comprometo a una vida santificada, una vida santa, agradable a ti.

Tu Palabra dice que nos lavemos y limpiemos; quitemos la iniquidad de nuestras obras de delante de tus ojos; que dejemos de hacer lo malo. Por lo tanto, Padre, me arrepiento y me alejo de cualquier pecado en mi vida y me lavo con el agua de la Palabra. Me limpio de toda contaminación de carne y de espíritu, perfeccionando la santidad en temor y reverencia a ti, Señor.

Padre, recibo tu perdón ahora y te doy gracias por esto, porque tu Palabra dice que tú eres fiel y justo para perdonarnos nuestros pecados y limpiarnos de toda maldad. Gracias, porque Jesús me ha sido hecho sabiduría, justicia, santificación y redención. Señor Jesús, tú me santificas por medio de tu verdad: tu Palabra es verdad.

Me someto a ti, Señor, espíritu, alma y cuerpo. Me comprometo a cambiar lo que tenga que ser cambiado en mi vida, porque el deseo de mi corazón es ser un vaso de honra, santificado y digno para el uso del Maestro y preparado para toda buena obra.

Gracias, Señor, porque como el bien de la tierra, porque estoy dispuesta y obediente.

Escrituras de referencia

Isaías 1:16,17	1 Corintios 1:30
Efesios 5:26	Juan 17:17
2 Corintios 7:1	2 Timoteo 2:21
1 Juan 1:8,9	Isaías 1:19

5

Dar fruto

Señor Jesús, tú dices en Juan 15:16 que tú nos has escogido y nos has ordenado que debiéramos producir frutos y que nuestro fruto debe permanecer, para que cualquier cosa que pidamos del Padre en tu nombre, Él nos lo pueda dar a nosotros.

El apóstol Pablo dijo que seamos llenos de los frutos de justicia y que su deseo era que tuviéramos muchos frutos que abunden en nuestra cuenta. Por lo tanto, yo me comprometo a producir el fruto del espíritu: amor, gozo, paz, paciencia, benignidad, bondad, fe, mansedumbre, templanza. Yo renuncio y me alejo de los frutos de la carne, porque estoy en Cristo y he crucificado la carne con sus afectos y pasiones.

Un grano no puede dar frutos a menos que primero no caiga en la tierra y muera. Yo confieso que estoy crucificado con Cristo: sin embargo vivo; no yo, sino Cristo vive en mí. Y la vida que ahora vivo en la carne, la vivo en la fe del Hijo de Dios, quien me amó y se dio a sí mismo por mí.

Padre, te doy gracias que estoy en buena tierra, que escucho tu Palabra y la comprendo, y que la Palabra produce frutos en mi vida; en ocasiones a ciento por uno, otras sesenta y otras treinta. Yo soy como un árbol plantado junto a ríos de agua que producen sus fruto a su tiempo. Mi hoja no caerá, y cualquier cosa que haga prosperará.

Padre, en el nombre de Jesús, te doy gracias por llenarme del conocimiento de tu voluntad en todo conocimiento y comprensión para que yo pueda caminar como es digno de ti, Señor, dando frutos en toda buena obra y aumentar en el conocimiento de ti.

Escrituras de referencia

Juan 15:16	Gálatas 2:20
Filipenses 1:11	Mateo 13:23
Filipenses 4:17	Salmo 1:3
Gálatas 5:22-24	Colosenses 1:9, 10
Juan 12:24	

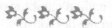

El ayudar a los demás

Padre, en el nombre de Jesús, trataré a los demás como me gustaría que me tratasen. Con entusiasmo persigo y busco el obtener [este] amor *(ágape)*, lo he hecho mi meta, mi gran conquista en la vida.

Padre, en el nombre de Jesús, yo estimaré y miraré y me preocuparé [por no sólo] mi propio interés, sino también por el interés de los demás a medida que ellos buscan tener éxito. Yo estoy fuerte en el Señor, y en el poder de su fuerza. Yo, a propósito, en el nombre de Jesús, haré un hábito el agradar (hacer feliz) a mi prójimo, (jefe, colaborador, maestro, padres, hijos, hermano, etc.) por su bien y su verdadero beneficio, para edificarlo, esto es, para fortalecerlo y edificarlo en todas las formas; espiritual, social y material.

Padre, en el nombre de Jesús, yo por lo tanto le animaré (amonestaré y exhortaré) a otros y edificaré, fortaleceré y le daré bombo a los demás.

Padre, en el nombre de Jesús, yo amo a mis enemigos (de *igual manera que a mis socios de negocios, compañeros miembros de la iglesia, vecinos, aquellos en autoridad que están sobre mí*) y soy bondadoso y hago el bien, haciendo favores para que alguien reciba beneficios de ellos. Yo presto esperando y deseando nada a cambio, sino que lo considero todo como pérdida y no me desconsuelo por nadie. Entonces mi recompensa (mi premio) será grande, rico, fuerte, intenso, y abundante, y yo seré hijo del Altísimo; porque Él es amable y caritativo y bueno para el malagradecido y egoísta y malvado. Yo soy misericordioso, tiernamente comprensivo, sensible y compasivo, como lo es incluso mi Padre en [todas estas cosas]. Yo imito a Dios, mi Padre, por lo tanto, yo camino en amor.

Gracias, Padre, por imprimir tus leyes sobre mi corazón, y escribirlas en mi mente, en mis más íntimos pensamientos y comprensión. De acuerdo a tu Palabra, como a mí me gustaría y deseo que los hombres hagan conmigo, de igual forma hago con ellos, en el nombre de Jesús.

Escrituras de referencia

Lucas 6:31	1 Tesalonicenses 5:11
1 Corintios 14:1	Lucas 6:35,36
Filipenses 2:4	Efesios 5:1,2
Efesios 6:10	Hebreos 10:16b
Romanos 15:2	Lucas 6:31

Oraciones
al
Padre

7

❧❧❧❧❧

Adoración:
"Santificado sea
tu nombre"

Padre nuestro, que estás en los cielos, santificado sea tu nombre.

Bendice alma mía a Jehová, y bendiga todo mi ser su santo nombre. Yo te adoro y hago notoria de esta manera mi adoración y amor en este día.

Yo bendigo tu nombre, *Elohim,* el creador del cielo y de la tierra. Quien era en el principio. Eres tú quien me hiciste y me coronaste con gloria y honor.

Yo bendigo tu nombre, *E-Shaddai*, el Dios Todopoderoso de bendiciones. Eres el que amamantas, quien nutre y suple. Eres todo abundante y suficiente. ¡Santificado sea tu nombre!

Yo bendigo tu nombre, *Adonai*, mi Señor y mi dueño. Tú eres el Señor, el que existe por sí mismo, siempre presente, revelado en Jesús, quien es el mismo ayer, hoy y por lo siglos. ¡Santificado sea tu nombre!

Yo bendigo tu nombre, *Jehova-Jireh*, aquel que ve mis necesidades y las provee. ¡Santificado sea tu nombre!

Yo bendigo tu nombre, *Jehovah-Rapha*, mi sanador y aquel que hace de las experiencias amargas algo dulce. Enviaste tu Palabra y me sanaste. Perdonaste todas mis iniquidades y sanaste todas mis enfermedades. ¡Santificado sea tu nombre!

Yo bendigo tu nombre, *Jehovah-M'Kaddesh*, el Señor mis santificador. Me has separado para ti. ¡Santificado sea tu nombre!

Jehovah-Nissi, eres mi victoria, Mi bandera y mi estandarte. Tu bandera sobre mí es amor. Cuando el enemigo venga contra mí como torrentes de agua, tú levantarás estandarte contra mi enemigo. ¡Santificado sea tu nombre!

Jehovah-Shalom, yo bendigo tu nombre. Tú eres mi paz, la paz que trasciende todo entendimiento, la que hace guardición y monta guardia sobre mi corazón y mente en Cristo Jesús. ¡Santificado sea tu nombre!

Yo te bendigo, *Jehovah-Tsidkenu*, mi Justicia. Gracias por convertirte en pecado por mí, para que yo pudiera llegar a ser la justicia de Dios en Cristo Jesús. ¡Santificado sea tu nombre!

Jehovah-Rohi, Tú eres mi Pastor y ninguna cosa buena o beneficiosa me faltará. ¡Santificado sea tu nombre!

Aleluya a Jhovah-Shammah, quien nunca me dejará ni desamparará. Tú siempres estás presente. Me consuelo y tomo ánimo y con osadía digo: El Señor es mi ayudador, no seré sobrecogido con alarma, no temeré o me atemorizaré o estaré aterrado. ¿Qué puede hacerme el hombre? ¡Santificado sea tu nombre!

Yo te alabo y te adoro, *El-Elyon,* el Dios Altísimo, quien es la causa original para todo, el poseedor de los cielos y la tierra. Tú eres el Dios eterno, el gran Dios, el Dios viviente, el Dios misericordioso, el Dios fiel, el Dios poderoso. Tú eres verdad, justicia, justificación y perfección. Tú eres *El-Elyon,* el soberano máximo de los cielos y la tierra. ¡Santificado sea tu nombre!

¡Padre, tú eres exaltado sobre todo, tu nombre y tu Palabra, y has magnificado tu Palabra y sobre todo tu nombre! La Palabra se hizo carne, y habitó entre nosotros, y ¡su nombre es Jesús! ¡Santificado sea tu nombre!

Escrituras de referencia

Mateo 6:9	Cantar de Cantares 2:4
Salmo 103:1	Isaías 59:19
Génesis 1:1,	2 Jueces 6:24
Salmo 8:5b	Filipenses 4:7
Génesis 49:24,25	Jeremías 23:5,6
Génesis 15:1,2,8	2 Corintios 5:21
Hebreos 13:8	Salmo 23:1
Génesis 22:14	Salmo 34:10
Salmo 147:3	Ezequiel 48:35
Éxodo 15:23-26	Hebreos 13:5
Salmo 107:20	Hebreos 13:6
Salmo 103:3	Salmo 91:1
Levítico 20:7,8	Salmo 138:2
Éxodo 17:15	Juan 1:14

Intervención divina : "Venga tu reino"

Padre, en nombre de Jesús, oro de acuerdo a Mateo 6:10, venga tu reino. Estoy esperando el pronto regreso de nuestro Señor y Salvador Jesucristo.

Hoy, somos [incluso ahora y en este momento] tus hijos; aún no ha sido manifestado (hecho claro) lo que hemos de ser [después], *pero sabemos que cuando Él venga y se manifieste, seremos [como hijos de Dios] como Él es, porque le veremos tal como Él es [en realidad]*. Tú dices que cualquiera que tenga esta esperanza [descanse en ella] en Él, se limpia [purifica] a sí mismo, igual que Él es puro, casto, sin falta ni culpa.

Porque la gracia de Dios, su favor inmerecido y bendición, se han manifestado (aparecido) para librarnos del pecado y ofrecer salvación eterna a toda la humanidad. Nos ha entrenado para rechazar y renunciar toda inmundicia (irreligiosa) y mundanos (pasiones) deseos, para vivir con discreción (templados, con dominio propio), rectos, vidas devotas (espiritualmente sanos) en este mundo presente, esperando y buscando el [cumplimiento, el logro de nuestra] bendita esperanza, *incluso la aparición gloriosa de nuestro gran Dios y Salvador Jesucristo, el Mesías, el Ungido.*

Porque el Señor mismo con voz de mando, con voz de arcángel, y con trompeta de Dios, descenderá del cielo; y los muertos en Cristo resucitarán primero. Luego, nosotros, los que hayamos quedado, seremos arrebatados juntamente con ellos en las nubes para recibir al Señor en el aire, y así estaremos siempre con el Señor.

Te doy gracias, Padre, porque el Señor regresará (a la tierra) y todos los santos [santos y ángeles] con Él; y el Señor será el rey sobre toda la tierra; en ese día Él será el Señor, y su nombre será uno. El gobierno descansará sobre sus hombros.

Padre, te doy gracias porque nos uniremos a las grandes voces del cielo diciendo: Los reinos del mundo han venido a ser de nuestro Señor y de su Cristo; y él reinará por los siglos de los siglos.

Tuyos, oh Señor, es la grandeza y el poder y la gloria y la victoria y la majestad; porque todo lo que está en los cielos y en la tierra es tuyo; tuyo es el reino, oh Señor, y tú eres exaltado sobre todo. Venga tu reino. ¡Aleluya!

Escrituras de referencia

1 Juan 3:2,3   Isaías 9:6

Tito 2:11-13   Apocalipsis 11:15

1 Tesalonicenses 4:16,17   1 Crónicas 29:11

Zacarías 14:5,9

9

❀❀❀❀

Sumisión:
"Hágase tu voluntad"

Padre, en el nombre de Jesús, oro para que la voluntad de Dios sea hecha en mi vida como lo es en el cielo. Porque yo soy hechura tuya, tu (destreza), recreada en Cristo Jesús, [nacida de nuevo] para poder hacer esas buenas obras que tú has predestinado (planeado de antemano) para mí, (tomando los caminos que tú ya preparaste de antemano) para que yo caminase en ellos, viviendo la buena vida que tú has preparado y alistado para que yo la viva.

Enséñame a hacer tu voluntad, porque tú eres mi Dios; deja que tu buen Espíritu me guíe a tierra de rectitud. Jesús, tú te diste (cediste) a tí mismo [para pagar] por mis pecados (y para salvarme y santificarme), para que poder rescatarme y librarme de este mundo perverso, de acuerdo con la voluntad, propósito y plan de nuestro Dios y Padre.

En el nombre de Jesús, yo no vivo conforme a este mundo, sino que soy transformado por la renovación de mi mente, para poder probar la buena, aceptable y perfecta voluntad de Dios. Porque esta es la voluntad de Dios, que yo sea consagrado, separado y puesto a un lado para vivir una vida pura y santa; para que me abstenga de todo vicio sexual; para que sepa cómo someter [control, dominio] mi propio cuerpo (en pureza, separado de las cosas profanas y) en consagración y honra, no [para ser usado] en la pasión de la lujuria, como los pecadores que son ignorantes de la verdad de Dios y no tienen conocimiento de su voluntad.

Padre, gracias, porque Tú me escogiste, me escogiste para ti, como tuyo, en Cristo antes de la fundación del mundo; para que yo fuera santo (consagrado y separado para ti) y sin manchas en tu presencia, aun sobre todo reproche, delante de ti en amor: habiéndonos predestinado para ser adoptados hijos Suyos por medio de Jesucristo, según el puro afecto de Su voluntad.

Tu voluntad sea hecha en la tierra en mi vida así como lo es en el cielo. Amén, ¡así sea!

Escrituras de referencia

Mateo 6:9b,10	Romanos 12:2
Efesios 2:10	1 Tesalonicenses 4:4,5
Salmo 143:10	Efesios 1:4
Gálatas 1:4	Efesios 1:5

10

❦❦❦❦

Provisión: "Danos hoy, el pan de cada día"

En el nombre de Jesús, yo confieso con el salmista David, que no he visto al justo desamparado, ni a su descendencia mendigando pan.

Padre, gracias por la comida, ropa y abrigo. En el nombre de Jesús, he cesado de estar siempre inquieto (ansioso y preocupado) sobre mi vida, qué comeré y beberé, o sobre mi cuerpo, y qué me pondré. Mi vida es más importante [en calidad] que el alimento y el cuerpo [mucho más excelente] que la ropa.

El pan de balde [chisme, inconformidad y lástima] no comeré. Eres tú, Padre, quien me suplirá en abundancia (llenará hasta el borde) toda mi necesidad de acuerdo a tus riquezas en gloria en Cristo Jesús.

En el nombre de Jesús, no viviré sólo de pan, sino de toda palabra que sale de la boca de mi Dios. Encontré tus palabras y las comí, y tus palabras fueron para mí de gozo y el regocijo de mi corazón.

Y la Palabra se hizo carne, y habitó entre nosotros. Jesús, tú eres el pan de vida, quien me da vida, el pan vivo.

Gracias, Padre, en el nombre de Jesús, por el pan espiritual, el maná del cielo.

Escrituras de referencia

Mateo 6:9b-11   Mateo 4:4

Salmo 37:25   Jeremías 15:16

Mateo 6:25   Juan 1:14a

Proverbios 31:27b   Juan 6:48-51

Filipenses 4:19

11

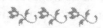

Perdónanos: "Perdona nuestras deudas"

℘adre, yo perdono a todo el que me haya ofendido, para que Tú puedas perdonar mis ofensas. [Ahora, habiendo recibido el Espíritu Santo y siendo guiado y dirigido por Él] si yo perdono el pecado de cualquiera, le son perdonados; si yo retengo los pecados de cualquiera, le son retenidos.

Padre, tu Palabra dice: *Amad a vuestros enemigos... y orad por aquellos que os ultrajan y os persiguen* (Mateo 5:44).

Yo me presento delante de ti en el nombre de Jesús, para levantar a _____ a tu presencia. Evoco bendiciones sobre él/ella y oro por su felicidad. Imploro tus bendiciones (favor) sobre él/ella.

Padre, no oraré sólo por _____ , sino que me dispongo a tratarle bien (hacer bien y actuar con nobleza hacia) él/ella. Yo seré misericordioso, condoliente, tierno, receptivo, y compasivo hacia _____ como tú lo eres, Padre.

Soy un imitador tuyo, y puedo hacer todas las cosas por medio de Jesucristo, quien me fortalece.

Padre, te doy las gracias porque tengo gran paz en esta situación, porque amo tu ley y rehúso recibir la ofensa en contra de_____ .

Jesús, soy bendecida; feliz [con la vida, gozo y satisfacción en el favor de Dios y la salvación aparte de las condiciones externas] y digna de ser envidiada, porque no me ofendo en ti y rehúso ser herida o tener resentimiento o molestia o rechazo o tropezar, [no importa lo que ocurra].

Y, ahora, Padre, te entrego esta obra a ti, entregada y confiada a ti por completo; y creo que tú harás que mis pensamientos se vuelvan en acuerdo a tu voluntad, y así mis planes serán establecidos y de éxito.

Escrituras de referencia

Mateo 6:12   Efesios 5:1

Mateo 6:14,15   Filipenses 4:13

Juan 20:23   Salmo 119:165

Lucas 6:27b   Lucas 7:23

Mateo 5:44   Proverbios 16:3

Lucas 6:28

12

Guía y liberación: "No nos metas en tentación"

No me ha sobrevenido ninguna tentación que no sea humana; *pero fiel es Dios*, que no me dejará ser tentado más de lo que pueda resistir, sino que me dará también juntamente con la tentación la salida, para que pueda soportar.

Considero de sumo gozo cuando me hallo en diversas pruebas, sabiendo que la prueba de mi fe produce paciencia.

Cuando sea tentado, no diré que soy tentado de parte de Dios; porque Dios no puede ser tentado por el mal, ni Él tienta a nadie.

Gracias, Jesús, porque te distes a ti mismo por mis pecados para librarme del presente siglo malo, conforme a la voluntad de nuestro Dios y Padre, a quien sea la gloria por los siglos de los siglos. Amén.

Padre, en el nombre de Jesús, y de acuerdo con el poder que obra en mí, yo me mantendré (con estricta atención y cuidado) velando y orando para no entrar en tentación. En el nombre de Jesús, Amén.

Escrituras de referencia

1 Corintios 10:13	*Gálatas 1:4,5*
Santiago 1:2,3	*Efesios 3:20b*
Santiago 1:13	*Mateo 26:41a*

13

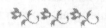

Alabar:
"Porque tuyo es el reino, y el poder y la gloria"

Oh, engrandeced al Señor conmigo, y exaltemos a una su nombre.

En cuanto a Dios, perfecto es Su camino, y acrisolada la palabra del Señor; escudo es a todos los que en Él esperan.

Sean gratos los dichos de mi boca y la meditación de mi corazón delante de ti, oh, Señor, roca mía, y redentor mío.

Ella es mi consuelo en mi aflicción porque tu dicho me ha vivificado.

Para siempre, oh Señor, permanece tu palabra en los cielos.

Lámpara es a mis pies tu palabra, y lumbrera a mi camino.

Me apresuré y no me retardé en guardar tus mandamientos.

La suma de tu palabra es verdad, y eterno es todo juicio de tu justicia.

Me postraré hacia tu santo templo, y alabaré tu nombre por tu misericordia y tu fidelidad; porque has engrandecido tu nombre, y tu palabra sobre todas las cosas.

Suba mi oración delante de ti como el incienso, el don de mis manos como la ofrenda de la tarde. Pon guarda a mi boca, oh Señor; guarda la puerta de mis labios.

El que sacrifica alabanza me honrará; y al que ordenare su camino, le mostraré la salvación de Dios.

Sea llena mi boca de tu alabanza, de tu gloria todo el día.

Porque mejor es tu misericordia que la vida; mis labios te alabarán. Así te bendeciré en mi vida; en tu nombre alzaré mis manos.

Pues tus testimonios son mis delicias y mis consejeros.

Escrituras de referencia

Salmo 34:3   Salmo 138:2

Salmo 18:30   Salmo 141:2,3

Salmo 19:14   Salmo 50:23

Salmo 119:50   Salmo 71:8

Salmo 119:89   Salmo 63:3,4

Salmo 119:105   Salmo 119:24

Salmo 119:60

Oraciones
para
Asuntos Personales

14

Fortaleza para vencer preocupaciones y cargas

Por qué te abates oh, alma mía? ¿Y por qué te turbas dentro de mí?

Padre, tú te resistes a los soberbios, y das gracia [de continuo] a los humildes. Por lo tanto, yo me someto a ti. En el nombre de Jesús, yo resisto al diablo, y éste huirá de delante de mí. Yo resisto las preocupaciones de este mundo que tratan de aprisionarme a diario. Si el Señor no edificare la casa, en vano trabajan los que la edifican.

Jesús yo vengo hasta ti, trabajado y cargado y tú me haces descansar. Tú aligeras, alivias y refrescas mi alma.

Yo llevo tu yugo sobre mí, y aprendo de ti, que eres manso y humilde de corazón; y hallo descanso, alivio, refrigerio, recreación y bendita paz, para mi alma. Porque tu yugo es fácil; no ruda, dura, aguda o que presiona, sino cómoda, con gracia y agradable; ligera, y fácil de llevar es tu carga.

Yo echo sobre ti mi carga, Señor [aliviando el peso de ella] y tú me sustentarás. Te doy gracias porque Tú no dejarás [de forma continua] para siempre caído al justo.

En el nombre de Jesús, yo resisto al diablo. Estoy firme, arraigado, establecido, fuerte, inmóvil y determinado [en contra de sus asechanzas] en la fe. Yo descanso de [la preocupación y pena] de la labor humana; y soy celoso y me obligo y trato con diligencia entrar en el reposo [de Dios], para conocerlo y experimentarlo por mí mismo.

Padre, te doy gracias, porque tu presencia está conmigo y me da descanso. Estoy quieto y descansando en ti, Señor. Yo espero en ti, y con paciencia descanso en ti. No me alteraré ni dejaré que se turbe mi corazón, ni tampoco dejaré que entre en él temor. Mi esperanza está puesta en ti, Dios, y espero con mis expectativas puestas en ti; porque aún he de alabarle, porque tú eres el socorro en mi rostro, y mi Dios.

Escrituras de referencia

Salmo 42:11a   Hebreos 4:10b,11

Santiago 4:6,7   Éxodo 33:14

Salmo 17:1a   Salmo 37:7

Mateo 11:28-30   Juan 14:27b

Salmo 55:22   Salmo 42:11b

1 Pedro 5:9a

15

Renovando la mente

$\mathcal{P}$adre, en el nombre de Jesús, te doy gracias, porque tú deseas que yo sea prosperado en todas las cosas y que tenga salud, así como prospera mi alma. Yo tengo la mente de Cristo, el Mesías, y tengo los pensamientos (sentimientos y propósitos) de su corazón. Yo confío en ti Señor, con todo mi corazón; y no me apoyo en mi propia prudencia. Te reconozco en todos mis caminos, y tú enderezas mis veredas.

Hoy me someto a tu Palabra que expone, pasa por el tamiz, analiza y juzga los mismos pensamientos y propósitos de mi corazón. (Porque las armas de nuestra milicia no son carnales, sino poderosas en ti, para la destrucción de fortalezas, derribando argumentos y toda altivez, *intimidaciones, temores, dudas, incredulidad y fracaso.) Yo rechazo argumentos, teorías, razonamientos y toda cosa de orgullo y altivez que se levanta contra el (verdadero) conocimiento de Dios; y llevo cautivo todo pensamiento y propósito a la obediencia de Cristo el Mesías, el Ungido.*

Hoy seré transformada por la renovación de mi mente, para que yo pueda probar cuál es ese bueno, aceptable y perfecto conocimiento de Dios. Tu Palabra, Señor, no se apartará de mi boca; sino que meditaré en ella de día y de noche, para que observe y guarde según todo lo que en él está escrito: porque entonces haré que mi camino prospere, entonces todo me saldrá bien.

Mis pensamientos son los pensamientos del diligente, que ciertamente tienden a la abundancia. Por lo tanto, no temeré o tendré ninguna ansiedad sobre cosa alguna, sino que en toda las cosas con oración y súplicas [peticiones específicas] con acción de gracias sigo dejando conocer mis peticiones a ti, Señor. Y tu paz que sobrepasa todo entendimiento, me guardará y vigilará corazón y mente en Cristo, Jesús.

Hoy fijo mi mente en todo *digno de referencia* y es *honroso* y *correcto,* lo que sea *justo,* lo que sea *puro,* lo que sea *amable,* lo que sea *bondadoso, encantador* y *con gracia.* Si hay alguna *virtud y excelencia* si hay algo *digno de alabanza,* yo pensaré, meditaré y tomaré nota de esas cosas.

Hoy entrego mi trabajo a ti, Señor, te lo entrego y lo confío a ti por completo; [tú harás que mis pensamientos sean agradables a tu voluntad, y] de esa manera mis planes serán establecidos y tendrán éxito.

Escrituras de referencia

3 Juan 2

1 Corintios 2:16b

Proverbios 3:5,6

Hebreos 4:12b

2 Corintios 10:4

2 Corintios 10:5

Romanos 12:2

Josué 1:8

Proverbios 21:5a

Filipenses 4:6-8

Proverbios 16:3

16

Conquistando la vida del pensamiento

En el nombre de Jesús, tomo autoridad sobre mi vida de pensamientos. Aunque yo camine (viva) en la carne, no peleo mi milicia de acuerdo a la carne y usando armas meramente humanas. Porque las armas de mi milicia no son carnales (armas de carne y sangre), sino poderosas en Dios para la destrucción de fortalezas. Yo derribo argumentos y toda altivez que se levanta contra el conocimiento (veraz) de Dios, y llevando cautivo todo pensamiento a la obediencia a Cristo, el Mesías, el Ungido.

Con mi alma bendeciré al Señor con cada pensamiento y propósito en mi vida. Mi mente no divagará de la presencia de Dios. Mi vida glorificará al Padre, *espíritu, alma y cuerpo*. No tomo en cuenta el mal que se me ha hecho, no presto atención al mal que he sufrido. No tiene lugar en mi vida de pensamientos. Estoy siempre dispuesto a creer lo mejor de toda persona. Me ciño los lomos de mi mente, y dispongo mi mente en las cosas de arriba, las cosas más altas, no en las cosas que están en la tierra.

Todo lo bueno, todo lo que sea digno de reverencia y es honorable y correcto, todo lo justo, todo lo puro, todo lo digno de amar, todo lo amable y todo lo bondadoso y todo lo encantador y de gracia, si hay alguna virtud y excelencia en ello, si hay algo digno de alabanza, yo pensaré, lo pesaré y tomaré en cuenta esas cosas, fijaré mi mente en ellas.

La mente carnal no está operando ya, porque yo tengo la mente de Cristo, el Mesías y sostengo los pensamientos (sentimientos y propósitos) de su corazón. En el nombre de Jesús, yo practicaré lo que he aprendido y recibido y escuchado y visto en Cristo, y tomaré el modelo para mi vida de esto, y el Dios de paz, sin angustia, de bienestar sin perturbación, estará conmigo.

Escrituras de referencia

2 Corintios 10:3-5   *Colosenses 3:2*

Salmos 103:1   *Filipenses 4:8*

1 Corintios 6:20   *1 Corintios 2:16*

1 Corintios 13:16b,7a   *Filipenses 4:9*

1 Pedro 1:13

17

Sabiduría santa en los asuntos de la vida

Padre, tú dices que si a alguno le hace falta sabiduría, que la pida de ti, quien das a todo hombre con libertad, y sin reproche; y le será dada. Por lo tanto, yo pido en fe, sin duda alguna, el ser lleno del conocimiento de tu voluntad en toda sabiduría y conocimiento espiritual. Hoy inclino mi oído a tu sabiduría, y aplico mi corazón a tu entendimiento para que pueda recibir aquello que me ha sido dado libremente.

En el nombre de Jesús, recibo habilidad y sabiduría santa e instrucción. Yo discierno y comprendo las palabras de entendimiento y revelación. Yo recibo instrucción en lidiar sabiamente y la disciplina del pensamiento sabio, justicia e integridad. Prudencia, conocimiento, discreción y dis- cernimiento me son dadas. Yo aumento en conocimiento. Como persona comprensiva, adquiero habilidad y atiendo con consejo sabio [para que pueda manejar mi curso con justicia].

La sabiduría me mantendrá, defenderá y protegerá; la amo y ella me guarda. Yo valoro mucho la sabiduría y la exalto; ella me traerá a honra porque la abrazo. Ella le da a mi cabeza una diadema de gracia; una corona de belleza y gloria me dará. Largura de días está en su mano derecha, y en su mano izquierda son riquezas y honor.

Jesús me ha sido hecho sabiduría, y en Él se encuentran todos los tesoros de [divino] la sabiduría, [de comprender la revelación en los caminos y propósitos de Dios], y [todas las riquezas espirituales] conocimiento e iluminación son almacenados y están escondidos. Dios ha escondido la sabiduría sobria y santa y la ha guardado para mí, porque yo soy la justicia de Dios en Cristo Jesús.

Por lo tanto, yo caminaré en senderos de justicia. Cuando camino, mis pasos serán sin dificultad, mi camino estará limpio y abierto; y cuando corra no tropezaré. Yo retengo la instrucción y no la dejo ir; la guardo, porque ella es mi vida. Dejo que mis ojos miren directo [fijos a propósito], y mi mirada es recta delante de mí. Yo considero bien el camino de mis pies, y dejo que todos mis caminos sean establecidos y ordenados en justicia.

Padre, en el nombre de Jesús, ¡miro con cuidado en cómo ando! Vivo con propósito, con dignidad y acierto, no como necio y tonto, sino como sabio, sensible, como persona inteligente; rindiendo mi tiempo, tomando cada oportunidad.

Escrituras de referencia

18

Sanidad para las emociones dañadas

Padre, en el nombre de Jesús, vengo a ti con un sentimiento de vergüenza y dolor emocional. Confieso mi transgresión a ti [de continuo descubriendo el pasado hasta que todo sea dicho]. Tú eres fiel y justo para perdonarme y limpiarme de toda injusticia. Tú eres mi lugar de refugio y tú, Señor, me libras de la angustia. Me rodeas con canciones y clamor de liberación. Yo he escogido la vida, y de acuerdo a tu Palabra, me viste desde que estaba siendo formada en el vientre de mi madre y sobre la autoridad de tu Palabra yo fui maravillosamente creada. Ahora, soy creación tuya, recreada en Cristo Jesús.

Padre, tú me has librado del espíritu de temor y no seré avergonzada. Ni seré confundida ni deprimida. Tú me diste belleza en lugar de cenizas, el aceite de gozo en lugar de lamento y el manto de alabanza en lugar del espíritu gravoso para que yo pudiera ser un árbol de justicia, el árbol del Señor, para que tú pudieras ser glorificado. Yo hablo en salmos, himnos y cánticos espirituales, ofreciendo alabanza con mi voz y creando melodías con todo mi corazón al Señor. Al igual que David lo hiciera en 1 Samuel 30:6. Yo me animo en el Señor.

Yo creo en Dios, quien levantó a Jesús de los muertos, quien fue traicionado y muerto por causa de mis faltas y fue resucitado para asegurar mi absolución, absolviéndome de toda culpa ante Dios. Padre, tú ungiste a Jesús y lo enviaste a vendar y curar mi roto corazón, y librarme de la vergüenza de mi juventud y las imperfecciones de mis antepasados. En el nombre de Jesús, elijo perdonar a todos aquellos que me han ofendido en alguna manera. Tú no me dejarás sin apoyo mientras termino el proceso de perdón. Yo tomo consuelo, ánimo y confiadamente digo: "El Señor es mi ayudador; no seré sorprendido de malas noticias. ¿Qué me puede hacer el hombre?"

Mi espíritu es la lámpara del Señor escudriñando lo más profundo de mi ser y el Espíritu Santo me guía a toda verdad. Cuando la realidad muestra la vergüenza y dolor emocional, recuerdo que los sufrimientos de esta vida presente, no son dignos de ser comparados con la gloria venidera que será revelada a mí y en mí y para mí y ¡concedida a mí! El castigo necesario para obtener mi paz y bienestar fue puesto sobre Jesús, y por sus heridas yo fui sanada. Como tu hija, Padre, tengo una esperanza gozosa y confiable de salvación eterna. Esta esperanza nunca me causará desencanto, engaño o vergüenza, porque el amor de Dios ha sido derramado en mi corazón por medio del Espíritu Santo que me ha sido dado.

Escrituras de referencia

Salmo 32:5-7

1 Juan 1:9

Deuteronomio 30:19

Salmo 139

Efesios 2:10

2 Timoteo 1:7

Isaías 54:4

Isaías 61:3

Efesios 5:19

Romanos 4:24,25

Isaías 61:1

Marcos 11:25

Hebreos 13:5,6

Proverbios 20:27

Juan 16:13

Romanos 8:18

Isaías 53:5b

Romanos 5:3-5

19

❧❧❧❧❧

El establecer las prioridades adecuadas

$\mathcal{P}$adre, en el nombre de Jesús, vengo delante de ti. Espíritu de verdad, que viene del Padre, eres tú quien me guía a toda verdad. De acuerdo a 3 Juan: 2 es la voluntad de Dios que yo prospere en todos mis caminos y que mi cuerpo esté bien, según como prospera mi alma y se mantiene bien.

Una cosa pido de ti, Señor, una cosa buscaré, preguntaré [de forma insistente] requiero, que yo habite en tu casa [en tu presencia], todos los días de mi vida, para mirar y observar tu belleza, vengo a meditar, considerar e inquirir en tu templo (*sobre los éxitos en la vida*).

Padre, tú has dicho: *No te desampararé, de ninguna forma, ni te dejaré, ni te fallaré, [ni aflojaré mi sostén de tu vida], de seguro no lo haré* (Hebreos 13:5) Así que recibo todo consuelo y ánimo y confianza y digo confiadamente que el Señor es mi ayudador, no seré sorprendido de malas noticias, no me asustaré, ni temeré, ni sentiré terror. ¿Qué me puede hacer el hombre?

En el nombre de Jesús, soy fuerte y muy valiente, para poder hacer de acuerdo a toda tu Palabra. No me desvío de ella ni a la derecha ni a ala izquierda, para poder prosperar dondequiera que vaya. La Palabra de Dios no se apartará de mi boca, sino que meditaré en ella de día y de noche. Escucho y observo para guardar las instrucciones, de la ley y los preceptos de mi Señor Dios, para que me vaya bien y que yo pueda crecer en gran manera, como el Señor Dios me ha prometido, en una tierra que fluye con leche y miel. El Señor mi Dios es un Señor, el único Señor. Y yo amaré al Señor mi Dios con todo [mi mente] corazón, y con todo mi ser, y con todas mis fuerzas. Y amaré a mi prójimo como a mí mismo.

Jesús, tú dices que cuando yo haga esto viviré, me gozaré activamente, seré bendecido, tendré vida eterna en el reino de Dios. Por lo tanto, no me preocuparé ni tendré ansiedad sobre qué voy a comer, o qué voy a beber o qué voy a vestirme. Mi Padre celestial conoce que yo necesito todas estas cosas. Pero yo propongo en mi corazón buscar (que sea mi blanco y luchar por) primero que nada tu reino, Señor de justicia [tu forma de hacer y ser justo], y entonces todas estas cosas unidas, me serán añadidas.

Ahora, gracias te sean dadas, ¡quien siempre hace que triunfe en Cristo!

Escrituras de referencia

Juan 16:13a   Deuteronomio 6:1,3-5

Salmo 27:Salmo 27:4   Lucas 10:27,28

Hebreos 13:5b,6   Mateo 6:31-33

Josué 1:7,8a   2 Corintios 2:14

20

Siendo equipado para el éxito

Padre, te doy gracias porque cuando tu palabra entra se produce luz. Te doy gracias que tu Palabra, la cual hablas *(y que yo hablo)* está viva y llena de poder, es hecha activa, operativa, energética y eficaz. Te doy gracias, Padre, porque [me has dado espíritu] de poder, y de amor, y de una mente calmada, bien balanceada, y de disciplina, y dominio propio. Tengo tu poder y habilidad y suficiencia, porque tú me has preparado (haciéndome apto y digno y suficiente) como ministro y promulgador de un nuevo pacto (de salvación por medio de Cristo).

En el nombre de Jesús, salgo del área de fracaso hacia la arena del éxito, dándote gracias a ti, Padre, porque tú me has calificado y preparado para participar de la porción que es la herencia de los santos (el pueblo santo de Dios) en la luz.

Padre, tú me has librado y acercado a ti, me has sacado del control y el dominio de las tinieblas *(fracaso, duda y temor)* y me has trasladado al reino de tu amado Hijo, en quien hay buen éxito [y libertad de temores, de pasiones desordenadas, y de conflictos morales]. Me regocijo en Jesús, quien ha venido para que yo tenga vida y la tenga en abundancia.

Hoy soy una nueva criatura, pues estoy (injertado) en Cristo, el Mesías. Las cosas viejas (la condición moral y espiritual de antes) han pasado. He aquí, ¡las condiciones frescas y nuevas han llegado! Olvidando esas cosas que han quedado atrás, y extendiéndome a lo que está delante. Con Cristo estoy juntamente crucificado, y ya no vivo yo, mas vive Cristo en mí; y lo que ahora vivo en la carne, lo vivo en la fe del Hijo de Dios, el cual me amó y se entregó a sí mismo por mí.

Hoy atiendo a la Palabra de Dios. Padre, accedo y me someto a tus dichos. Tus Palabras no se apartarán de mi vista; las guardaré en medio de mi corazón. Porque son vida (éxito) para mí, medicina y salud para todo mi cuerpo. Cuido mi corazón con toda vigilancia y sobre toda cosa guardada porque de él mana la fuente de vida.

No permitiré que hoy se aparte de mí, ni me abandonen, la misericordia, la bondad y la verdad. Las ato a mi cuello; las escribo en la tabla de mi corazón. Por lo tanto, hallaré favor, buen entendimiento y alta estima en los ojos (o juicio) de Dios y de los hombres.

Hoy mi deleite y deseo están en la ley del Señor, y en su ley acostumbro a meditar (pensar sobre ella y estudiarla) de día y de noche. Por lo tanto, soy como un árbol plantado firmemente [y atendido] junto a corrientes de agua, listo para dar fruto en mi tiempo; mi hoja tampoco se debilitará ni se marchitará, y todo lo que yo haga prosperará [y llegará a la madurez].

Mas a Dios gracias, ¡el cual me lleva siempre al triunfo en Cristo!

Escrituras de referencia

Salmos 119:130

Hebreos 4:12a

2 Timoteo 1:7b

2 Corintios 3:5b-6a

Colosenses 1:12,13

2 Corintios 5:17

Juan 10:10b

Filipenses 3:13b

Gálatas 2:20

Proverbios 4:20-23

Proverbios 3:3, 4

Salmos 1:2, 3

2 Corintios 2:14

21

Oración para el éxito de un negocio

Padre, tu Palabra dice que yo soy partícipe de la herencia y tesoros del cielo. Tú me has librado de la autoridad de las tinieblas y trasladado al reino de tu amado Hijo. Padre, donde habita tu Palabra, allí hay luz, y también entendimiento. Tu Palabra no regresa a ti vacía, sino que siempre cumple lo que fue enviada a hacer. Soy coheredero con Jesús y como tu hijo/a, acepto que la comunicación de mi fe es eficaz por el reconocimiento de toda buena obra que está en mí, por Cristo Jesús.

Padre, someto mis obras (los planes y cuidado de mi negocio) a ti, encomendándolos por completo a ti. Puesto que tú estás trabajando eficazmente en mí, tú haces que mis pensamientos estén de acuerdo con tu voluntad, para que los planes de mi negocio puedan ser establecidos y con éxito. En el nombre de Jesús, me someto a todo tipo de sabiduría, perspicacia práctica y prudencia que tú has derramado sobre mí, de acuerdo a las riquezas y generosidad de tu misericordioso favor.

Padre, yo afirmo que obedezco tu Palabra creando una vida honesta con mis propias manos para que pueda darle a aquellos en necesidad. En tu fuerza y de acuerdo a tu gracia yo proveo para mí y mi propia familia. Gracias, Padre, por hacer que toda gracia, todo favor y bendición terrenal lleguen a mí en abundancia para que yo, teniendo suficiente de todo, pueda abundar a toda buena obra.

Padre, gracias, por todos los espíritus ministradores que Tú has asignado para salir y traer consumidores. Jesús dijo: "Vosotros sois la luz del mundo". En su nombre mi luz brillará de tal forma delante de los hombres, que ellos verán mis buenas obras y te glorificarán, mi Padre celestial.

Te agradezco la gracia que me permite mantenerme diligente en la búsqueda de conocimiento y destreza en las áreas donde no tengo experiencia. Te pido sabiduría y la habilidad de entender justicia, juicio, y tratos justos en toda área y relación. Yo afirmo que soy fiel y comprometida a tu palabra. Mi vida y mis negocios están fundados sobre estos principios.

¡Padre, te doy gracias por el éxito de mi negocio!

Escrituras de referencia

Romanos 8:17	1 Timoteo 5:8
Colosenses 1:12	2 Corintios 9:8
Salmo 119:130	Hebreos 1:14
Filemón 1:6	Mateo 5:14,16
Proverbios 16:3	Proverbios 22:29
Filipenses 2:13	Proverbios 2:9
Efesios 1:7,8	Proverbios 4:20-22
Efesios 4:28	

22

Conociendo la voluntad de Dios

Padre, en el nombre de Jesús, te doy gracias porque tú me estás enseñando el camino que debo andar y porque me estás guiando con tu mirada. Te doy gracias por tu guianza y dirección en cuanto a tu voluntad, tu plan, y tu propósito para mi vida. Yo oigo la voz del Buen Pastor, pues te conozco y te sigo. Tú me llevas por sendas de justicia por amor de tu nombre.

Gracias, Padre, que la luz de mi camino va en aumento más y más hasta que el día es perfecto. A medida que te sigo, Señor, creo que mi camino se hace más claro cada día.

Te doy gracias, Padre, porque Jesús me ha sido hecho sabiduría. La confusión no es parte de mi vida. No estoy confundida sobre tu voluntad para mi vida. Yo confío en ti y no me apoyo en mi propia prudencia. A medida que te reconozco en todos mis caminos, tú diriges mis pasos. Creo que a medida que yo confío por completo en ti, tú me mostrarás la senda de la vida.

Escrituras de referencia

Salmo 32:8

Juan 10:3,4

Salmo 23:3

Proverbios 4:18

Efesios 5:19

1 Corintios 1:30

1 Corintios 14:33

Proverbios 3:5, 6

Salmo 16:11

23

Sueño apacible

En el nombre de Jesús, te ato a ti, Satán, y a todos tus agentes, de mis sueños. Te prohíbo que interfieras de cualquier forma en mi dormir.

Llevo cautivo todo pensamiento, toda imaginación y todo sueño sujetos a la obediencia de Jesucristo. Padre, te doy gracias que aun en mi sueño mi corazón me aconseja y me revela tu propósito y tu plan. Gracias por un sueño grato, pues tú has prometido sueño grato a tu amado. Por lo tanto, mi corazón está contento, y mi espíritu se regocija. Mi cuerpo y alma descansan y con confianza habitan en seguridad.

Escrituras de referencia

Mateo 16:19   Salmo 16:7-9

Mateo 18:18   Salmo 127:2

2 Corintios 10:5   Proverbios 3:24

24

Victoria sobre el orgullo

Padre, tu Palabra dice que tú odias una mirada altiva, que resistes a los soberbios pero das gracia a los humildes. Por lo tanto, me someto a ti, Dios. En el nombre de Jesús, yo resisto al diablo y él huirá de mí. Renuncio a toda manifestación de orgullo en mi vida como lo es el pecado; me arrepiento y me aparto de él.

En un acto de fe me visto de humildad y recibo tu gracia. Señor, me humillo bajo tu mano poderosa, Señor, para que tú me exaltes cuando fuere tiempo. Yo rehúso el exaltarme yo misma. No tengo más alto concepto de mí que el que debo tener; no tengo una opinión exagerada de mi propia importancia, sino que califico mi habilidad con cordura, conforme a la medida de fe que se me ha dado.

Proverbios 11:2 dice, *Cuando viene la soberbia, viene también la deshonra; mas con los humildes está la sabiduría.* Padre, estoy listo para resistir el orgullo cuando viene. Mi deseo es ser contado entre los humildes, por lo tanto, tomo una actitud de siervo.

Padre, gracias porque tú habitas con el quebrantado y humilde de espíritu. Tú haces vivir el espíritu de los humildes y vivificas el corazón de los quebrantados. Gracias porque las recompensas de la humildad y de la reverencia y del temor del Señor son riquezas, honor y vida.

Escrituras de referencia

Proverbios 6:16

Santiago 4:6,7

Proverbios 21:4

1 Pedro 5:5, 6

Romanos 12:3

Proverbios 11:2

Mateo 23:11

Isaías 57:15

Proverbios 22:4

25

Venciendo la intimidación

Padre, vengo a ti, en el nombre de Jesús, confesando que la intimidación me ha causado tropezar. Te pido perdón por haber pensado de mí como inferior, puesto que soy creado en tu imagen, y soy hechura tuya. Jesús dijo que el reino de Dios está dentro de mí. Por lo tanto, el poder que levantó a Jesús de los muertos habita en mí, y hace que yo pueda enfrentarme a la vida con esperanza y energía divina.

El Señor es mi luz y mi salvación; ¿de quién temeré? El Señor es la fortaleza de mi vida; ¿de quién he de atemorizarme? Señor, tú has dicho que nunca me dejarás ni me abandonarás. Por lo tanto, puedo decir sin ninguna duda ni temor que tú eres mi ayudador, y no le temo a nada que un mero hombre me pueda hacer. Mayor es el que está en mí que aquel que está en el mundo. Si Dios es por mí, ¿quién puede estar en contra mía? Soy libre del temor del hombre y de la opinión pública.

Padre, tú no me has dado espíritu de timidez - de cobardía, de servil temor desfalleciente- sino que me has dado espíritu de poder, y de amor y una mente calmada y bien balanceada, y disciplina y dominio propio. Todo lo puedo en Cristo que me fortalece.

Escrituras de referencia

1 Juan 1:9	Efesios 2:10
Lucas 17:21	Efesios 1:19,20
Colosenses 1:29	Salmo 27:1
Hebreos 13:5 1	Juan 4:4
Romanos 8:31	Proverbios 29:25
2 Timoteo 1:7	Filipenses 4:13

26

Protección para viajar

Padre, hoy, en el nombre de Jesús, confieso tu Palabra sobre mis planes de viaje y yo sé que tu Palabra no sale y regresa vacía a ti, sino que cumple lo que tú le dices que haga. Te doy gracias por moverte con rapidez para ejecutar tu Palabra y cumplir sus promesas.

Al prepararme para viajar, me regocijo en las promesas que tu Palabra tiene para protección y seguridad de los justos. Sólo tú, Padre, me haces vivir seguro. Yo confío en ti y habito en tu protección. Si he de enfrentarme a cualquier problema o dificultad, correré a ti, Padre, mi torre fuerte y mi refugio en tiempo de necesidad. Creyendo en la palabra escrita de Dios, yo digo paz, seguridad y éxito sobre mis planes de viaje, en el nombre de Jesús.

Como hija de Dios, mi camino de viaje está preservado, y los ángeles cuidan de mí y rodean mi auto/avión/barco. Procedo con mis planes de viaje, sin temor de accidentes, problemas, o ningún tipo de frustración. Tengo la paz de Dios y no le voy a dar espacio al temor mientras viaje; el Señor me libra de todo tipo de mal, y me preserva para su reino. Confío que mis planes de viaje no serán interrumpidos o confundidos.

Gracias Padre, que en cada situación tú estás ahí para protegerme. No importa cuál tipo de transporte yo escoja viajar, tú me has redimido y me protegerás. La tierra y todo lo que en ella habita están bajo tu control. Tú eres mi Padre celestial. A través de mi fe en ti, tengo poder de hollar serpientes y tengo todo poder sobre el enemigo. Cuando llegue a mi destino, ni agua o comida me hará daño. Mi viaje está seguro.

Padre, en esta situación te doy la gloria. Gracias porque mientras mantenga tus caminos delante de mí, estaré seguro. Tu misericordia está sobre mí y mi familia, y nuestros viajes estarán seguros. Ni un cabello de nuestra cabeza perecerá. Gracias, Padre, por tu guianza y tu seguridad. ¡Eres digno de toda alabanza!

Escrituras de referencia

Isaías 55:11

Jeremías 1:12

Salmo 4:8

Salmo 91:1

Proverbios 18:10

Proverbios 29:25

Marcos 11:23,24

Proverbios 2:8

Salmo 91:11,12

2 Timoteo 4:18

Filipenses 4:7

2 Timoteo 1:7

Isaías 43:1-3

2 Timoteo 4:18

Oseas 2:18

Lucas 10:19

Salmo 91:13

Lucas 21:18

Marcos 16:18

Mateo 18:18

Juan 14:13

Daniel 9:18

Lucas 1:50

27

El matrimonio de la Nueva Creación

Introducción *

La armonía y la unidad de una iglesia jamás será mayor que la armonía y la unidad en los hogares representados en la congregación. En realidad, cada hogar debe ser una pequeña iglesia reuniéndose para formar un cuerpo de creyentes. El amor tiene que tener su origen en Dios el Padre. Por años le di gloria al Señor por el amor y la paz de Dios que reinaba de forma suprema en nuestro hogar. Muchas veces las circunstancias decían: "No es así"; sin embargo, Dios vigiló su Palabra para ponerla por obra en nuestras vidas.

Uno se convierte en un hacedor de la Palabra en su propia casa obedeciendo la ley real del amor. Dios busca dentro de cada familia un intercesor que se "pare en la brecha" y "haga un vallado" por todo el hogar. Te exhorto a que seas ése que

*Germain Copeland introducción a esta oración

toma la decisión de estar sujeto a Dios para el propósito de la paz, la armonía, y la unidad. Párate firme en contra del diablo; resístelo, y él huirá de tu familia.

La siguiente oración me fue dada por el Espíritu Santo para mi esposo y para mí.

Esposo, tú puedes orar la parte para tu esposa en la tercera persona.

Esposa, tú puedes orar la parte para tu esposo en la tercera persona.

Encuentren tiempo para orar juntos, si ambos están dispuestos y receptivos.

Oración

La pareja ora junta:

Padre, en el nombre de Jesús nos regocijamos y deleitamos el uno en el otro. Estamos en Cristo, el Mesías, y nos hemos convertido en (nuevas criaturas en general) nuevas creaciones; lo viejo (condición moral y espiritual previa) ha pasado. He aquí, ¡todo es hecho nuevo! Que nuestra familia se vea como luces brillantes —estrellas o faros alumbrando con claridad— en el mundo [oscuro].

El esposo ora:

Yo amo a mi esposa así como Cristo ama a la Iglesia. Soy para ella lo que Cristo es para la Iglesia. Yo me he entregado a mí mismo a ella, para separarla para mí, habiéndola purificado en el lavamiento del agua por la Palabra a través de la intercesión y consejo, a fin de presentármela en esplendor glorioso, pues ella es [la expresión de] mi gloria (majestad, preeminencia). Por lo tanto, ella está sin mancha ni arruga, ni cosa semejante —pero es santa y sin falta como mi ayuda idónea. La amo como [siendo de cierta forma] mi propio cuerpo, pues la amo como a mí mismo. La alimento y la protejo con cuidado y la aprecio, así como Cristo a la Iglesia, pues somos miembros (partes) de su cuerpo. Jesús es mi ejemplo. Yo encomiendo [a mí mismo y todo] a Dios, quien juzga justamente.

Padre, te doy gracias que mi esposa y yo somos ministros capaces del nuevo pacto —ministros de la reconciliación. Padre, [en tu amor] tú nos escogiste a nosotros —en realidad tú mismo nos has escogido como tuyos —en Cristo antes de la fundación del mundo; para que seamos santos (consagrados y separados para ti) delante de ti en amor.

Padre, mi esposa y yo hemos recibido tu favor y misericordia que tú has derramado sobre nosotros en todo tipo de sabiduría y entendimiento (perspicacia y prudencia práctica).

La esposa ora:

Padre, en el nombre de Jesús, soy sumisa —me someto y me adapto— a mi propio esposo como [un servicio] al Señor. Me aseguro de respetar y reverenciar a mi esposo, que me dé cuenta de él, le tome en cuenta, le honre, le prefiera, le venere, le estime; y le respete, le alabe, y le ame y admire en gran manera. El corazón de mi esposo puede confiar en mí con confianza y depender y creer en mí con seguridad, para que él no carezca de ninguna ganancia honesta o necesite botín deshonesto. Consolaré, animaré y le haré sólo bien mientras haya vida dentro de mí.

Mientras busque consejo de mi esposo, él será mi fuerza, mi lugar de refugio, mi torre alta, mi intercesor — y estaremos de pie uno al lado del otro mientras ministramos vida, amor, sanidad — solidez y sensatez — a aquellos que Dios envíe a nuestro camino. Estaremos de pie juntos, como uno ante el cuerpo de Cristo.

Escrituras de referencia

2 Corintios 5:17	Efesios 1:4, 6, 8
Filipenses 2:15b	Efesios 5:22, 33b
Efesios 5:25-30	1 Corintios 11:7b
1 Pedro 2:23b	Proverbios 31:11,12
2 Corintios 3:6	Mateo 19:5, 6
2 Corintios 5:18	

28

Cuando se desea tener un bebé

𝒫adre nuestro, mi cónyuge y yo nos arrodillamos ante ti. Padre de nuestro Señor Jesucristo, de quien toma nombre toda familia en los cielos y en la tierra, oramos que tú nos des conforme a tus riquezas en gloria, el ser fortalecidos con poder en el hombre interior por tu Espíritu. Cristo habita por la fe en nuestros corazones, a fin de que —arraigados y cimentados en amor— seamos plenamente capaces de comprender con todos los santos cuál sea la anchura, la longitud, la profundidad, y la altura del amor de Cristo, que excede a todo conocimiento, para que seamos llenos de toda la plenitud de Dios.

Aleluya, te alabamos, oh Señor, porque le das hijos a la esposa estéril para que sea una madre feliz. Y, te damos gracias, porque tú eres el que está haciendo nuestra familia. Como hijos tuyos y herederos por medio de Jesucristo, recibimos tu regalo — el fruto del vientre, tu hijo como nuestra herencia.

Padre nuestro, te alabamos en nombre de Jesús, pues sabemos que lo que pedimos lo recibimos de ti, porque guardamos tus mandamientos, y hacemos aquellas cosas que son agradables delante de ti.

Gracias, Padre, porque somos una vid fructífera dentro de nuestro hogar; nuestros hijos serán como plantas de olivo alrededor de nuestra mesa. De este modo nosotros seremos bendecidos porque tememos al Señor.

Escrituras de referencia

Efesios 3:14-19   1 Juan 3:22,23

Salmo 113:9   Salmo 128:3,4

Salmo 127:3

29

El niño que todavía no ha nacido

Padre, en el nombre de Jesús, te doy gracias por mi niño que aún no ha nacido. Atesoro esta criatura como herencia tuya. Mi niño fue creado a tu imagen, perfectamente saludable y completo. Tú conoces a mi niño desde que fue concebido y conoces el camino que él/ella tomará en su vida. Pido tu bendición sobre él/ella, y creo con firmeza en su salvación por medio de Jesucristo.

Cuando tú creaste al hombre y a la mujer, los llamaste benditos y los coronaste con gloria y honor. Es en ti, Padre, que mi hijo vivirá, se moverá y será. Él/ella es tu hijo y vendrá a adorarte y a alabarte.

Padre celestial, te doy gracias y te alabo por las maravillas que tú has hecho y continúas haciendo. Estoy sobrecogida del milagro de la vida que tú has puesto dentro de mí. ¡Gracias!

Escrituras de referencia

Salmo 127:3   Mateo 18:18

Génesis 1:26   Juan 14:13

Jeremías 1:5   Gálatas 3:13

2 Pedro 3:9   1 Juan 3:8

Salmo 8:5   Salmo 91:1

Hechos 17:28,29

30

El orden santo en
el embarazo y el parto

Padre, en el nombre de Jesús, este día confieso tu Palabra sobre mi embarazo y el nacimiento de mi hijo. Te pido que pronto cumplas tu Palabra, confiando en que no saldrá de ti para regresar a ti vacía, sino que cumplirá aquello que te agrada. Tu Palabra es viva y poderosa, y discierne los pensamientos de mi mente y las intenciones de mi corazón.

Ahora mismo me pongo toda la armadura de Dios para que pueda estar firme contra las asechanzas y trucos del diablo. Reconozco que mi lucha no es contra carne y sangre, pero contra principados, contra potestades, contra los gobernadores de las tinieblas y contra huestes espirituales de maldad en las regiones celestes. Padre, me paro sobre todo, tomo el escudo de la fe, pudiendo apagar los ataques del diablo con tu gran poder. Me paro en fe durante este embarazo y parto, sin dar lugar alguno al temor, pero teniendo poder, amor y dominio propio, como lo promete tu Palabra en 2 Timoteo 1:7.

Padre celestial, confieso que tú eres mi refugio; confío en ti durante este embarazo y parto. Estoy agradecida de que hayas puesto ángeles que vigilen por mí y por mi niño que todavía no ha nacido. Echo toda mi ansiedad y carga, en relación a este embarazo, sobre ti, Señor. Tu gracia me es suficiente, a través de este embarazo; tú fortaleces mi debilidad.

Padre, tu Palabra declara que mi hijo por nacer fue creado a tu imagen, hecho de manera formidable y maravillosa para alabarte. Me has hecho una madre gozosa, y soy bendecida con una herencia tuya como recompensa. Dedico esta criatura a ti, Padre, y oro para que crezca y me llame bendita.

No temo al embarazo o al parto porque estoy segura y confiando en ti, Padre. Creo que mi embarazo y parto estarán libres de problemas. Gracias, Padre, que todas las decisiones con respecto a mi embarazo y parto serán santas; que el Espíritu Santo va a intervenir. Señor, tú eres mi habitación y descanso sabiendo que el mal no se acercará a mí y que ninguna enfermedad ni dolencia me tocará a mí o a mi criatura. Yo sé que Jesús murió en la cruz para llevar mi enfermedad y dolor. Habiendo aceptado a tu Hijo Jesús como mi Salvador, confieso que mi hijo va a nacer sano y totalmente completo. Gracias, Padre, ¡porque la ley del Espíritu de vida en Cristo Jesús ha hecho que mi hijo y yo seamos libres de la ley del pecado y de la muerte!

Padre, gracias, por proteger a mi hijo y a mí y por nuestra buena salud. Gracias por escuchar y contestar mis oraciones.

Escrituras de referencia

Jeremías 1:12	Proverbios 31:28
Isaías 55:11	Salmo 112:7
Hebreos 4:12	Salmo 91:1,10
Efesios 6:11,12,16	Mateo 8:17
Salmo 91:2,11	Romanos 8:2
1 Pedro 5:7	Santiago 4:7
2 Corintios 12:9	Efesios 6:12
Génesis 1:26	Juan 4:13
Salmo 139:14	Mateo 18:18
Salmo 113:9	Jeremías 33:3
Salmo 127:3	

31

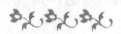

Paz en la familia

Padre, en el nombre de Jesús, te doy gracias porque tú has derramado tu Espíritu desde lo alto sobre nuestra familia. Nuestro desierto se ha convertido en campo fértil, y estimamos nuestro campo fértil como un bosque. La justicia habita en nuestro desierto, y rectitud [rectitud religiosa y moral en toda área y relación] mora en nuestro campo fértil. El efecto de la justicia es paz [interna y externa], y el resultado de la rectitud, reposo y confianza segura por la eternidad.

Nuestra familia habita en paz, en habitaciones seguras y en recreos de reposo. Y hay estabilidad en nuestros tiempos, abundancia de salvación, sabiduría y conocimiento. Ahí, el temor y la adoración del Señor es nuestro tesoro y el tuyo.

Oh Señor, ten misericordia de nosotros; en ti hemos esperado [con expectación]. Sé el brazo de tus siervos -nuestra fuerza y defensa- todas las mañanas, nuestra salvación en tiempo de la tribulación.

Padre, te damos gracias por nuestra paz, nuestra seguridad y nuestro bienestar este día. ¡Aleluya!

Escrituras de referencia

Isaías 32:15-18   Isaías 33:2,6

Parte II

Oraciones intercesoras por otras personas

Oraciones por el pueblo

y ministerios de Dios

🌷

32

Avivamiento

Padre, en el nombre de Jesús, Tú nos has vuelto a avivar para que tu pueblo pueda regocijarse en ti. Gracias por mostrarnos tu misericordia y tu bondad. Oh Señor, y por concedernos tu salvación. Tú has creado en nosotros un corazón limpio, oh Dios, y renovado un espíritu recto, un espíritu perseverante y firme dentro de nosotros. Tú nos has devuelto el gozo de tu salvación, y nos sustentas con un espíritu dispuesto. Ahora, enseñaremos a los transgresores tus caminos, y los pecadores se convertirán y regresarán a ti.

Limpiaremos nuestros caminos teniendo cuidado y haciendo guardia [sobre nosotros] conforme a tu Palabra [ajustando nuestras vidas a ella]. Ya que tus [grandes] promesas son nuestras, nos limpiamos de todo lo que contamina y daña nuestros cuerpos y espíritus, y llevamos a perfección [nuestra] consagración en el (reverente) temor de Dios. Te hemos buscado con todo nuestro corazón, preguntando por ti y de ti, y anhelándote; oh, no nos dejes desviar o apartarnos [ni por ignorancia o a propósito] de tus mandamientos. En nuestro corazón hemos guardado tu Palabra, para no pecar contra ti.

Jesús, gracias por lavarnos a través de la Palabra —las enseñanzas— que nos has dado. Nos deleitamos en tus estatutos; no nos olvidaremos de tu Palabra. Haz bien a tus siervos, para que vivamos; y observemos tu Palabra [oyéndola, recibiéndola, amándola y obedeciéndola].

Padre, en el nombre de Jesús, somos hacedores de la Palabra, y no sólo oidores de ella. ¡Eres tú, oh Altísimo, quien nos ha vivificado y estimulado conforme a tu Palabra! Gracias por apartar nuestros ojos para que no vean vanidad [ídolos e idolatría]; y por restaurarnos a una vida de vigor y salud en tus caminos. He aquí, anhelamos tus mandamientos; danos vida nueva en tu justicia. Este es nuestro consuelo en nuestra aflicción; que tu Palabra nos ha vivificado y dado vida eterna.

Nos despojamos de nuestra naturaleza pasada — quitando y desechando nuestro hombre viejo — lo cual caracterizaba nuestra manera pasada de vivir. De continuo nos renovamos en el espíritu de nuestra mente — teniendo una actitud mental y espiritual fresca; y nos vestimos de la nueva naturaleza (el yo regenerado), creado a la imagen de Dios, (semejante a Dios) en verdadera justicia y santidad. Aunque nuestro hombre exterior se va deteriorando y desgastando (en forma progresiva), el interior se renueva de día en día (de forma progresiva). ¡Aleluya!

Escrituras de referencia

Salmo 85:6,7

Salmo 51:10,12,13

Salmo 119:9-11

2 Corintios 7:1

Juan 15:3

Salmo 119:16,17

Santiago 1:22

Salmo 119:25

Salmo 119:37,40,50

Efesios 4:22-24

2 Corintios 4:16b

33

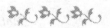

Unidad y armonía

Padre, en el nombre de Jesús, ésta es la confianza que tenemos en ti, que si pedimos alguna cosa conforme a tu voluntad, tú nos oyes; y como sabemos que tú nos oyes en cualquier cosa que pidamos, sabemos que tenemos las peticiones que te hayamos hecho.

Padre, tú has dicho: *He aquí, el pueblo es uno, y todos éstos tienen un solo lenguaje; y han comenzado la obra, y nada les hará desistir ahora de lo que han pensado hacer* (Génesis 11:6). Oramos por el nombre de nuestro Señor Jesús, que todos nosotros en tu Cuerpo estemos en perfecta armonía y en completo acuerdo en lo que decimos, y que no haya desacuerdos ni discusiones ni divisiones entre nosotros; sino que estemos perfectamente unidos en nuestro común entendimiento y en nuestras opiniones y juicios.

Espíritu Santo, enséñanos cómo estar de acuerdo (armonizar juntos, juntos hacer una sinfonía) acerca de — cualquier cosa y todo— para que lo que pidamos suceda y sea hecho por mi Padre que está en los cielos.

Oramos que como miembros del cuerpo de Cristo vivamos dignos de nuestro llamado —con humildad y mansedumbre (gentileza, generosidad, afabilidad), con paciencia, sopor-
tándonos los unos a los otros y dejando espacio porque nos
amamos el uno al otro. En el nombre de Jesús, estamos
deseosos y tratamos solícitos en guardar la unidad y el ser uno
[producido por] el Espíritu en el vínculo de la paz.

En el nombre de Jesús nos comprometemos, y de acuerdo
al poder de Dios que obra en nosotros, a ser de un mismo
sentir (unidos en espíritu), compresivos [unos con otros],
amándonos [el uno al otro] como hermanos (de una misma
familia), compasivos y corteses, bondadosos y humildes.
Nunca devolveremos mal por mal o insulto por insulto —re-
gañando, ofendiendo, o reprendiendo; sino por el contrario,
bendiciendo— orando por su bienestar, su felicidad y protección. Sinceramente mostrando compasión y amor el uno por
el otro. Porque sabemos que fuimos llamados para esto, para
que heredásemos la bendición [de parte de Dios] —obtener
la bendición como herederos, trayendo bienestar y felicidad
y protección.

Padre, gracias porque Jesús nos ha dado a nosotros la
gloria y el honor que tú le diste e Él, para que seamos uno,
[así] como tú y Jesús son uno: Jesús en nosotros y tú en Jesús,
a fin de que nosotros podamos llegar a ser uno y unidos
perfectamente, para que el mundo conozca y reconozca [de
forma definitiva] que tú enviaste a Jesús, y que tú les has
amado a ellos [aun] como has amado a Jesús.

Padre, hágase tu voluntad, como en el cielo, así también
en la tierra. Amén, y así sea.

Escrituras de referencia

1 Juan 5:14,15	Efesios 4:2,3
Génesis 11:6	1 Pedro 3:8,9
1 Corintios 1:10	Juan 17:22,23
Mateo 18:19	Mateo 6:10b

34

Maestros de la iglesia

Padre, venimos en el nombre de Jesús, a pedirte por los maestros llamados por ti para nuestras clases y coros. Te damos gracias por los maestros que son llenos del Espíritu de Dios, en sabiduría, habilidad, en entendimiento e inteligencia, en conocimiento, y en toda clase de destreza, para idear métodos hábiles para enseñarnos a nosotros y a nuestros hijos la Palabra de Dios. Ellos son maestros que se entregan a sí mismos para enseñar.

Padre, que estos maestros reconozcan que ellos tienen que asumir una responsabilidad mayor. De acuerdo a tu Palabra, los maestros serán juzgados con un nivel más alto y más severo [que las otras personas]. Te damos gracias que nuestros maestros no ofenderán en palabra — nunca dirán cosas malas — que puedan tener un carácter desarrollado por completo y ser hombres y mujeres perfectos, cada uno controlando su propio cuerpo y su naturaleza.

Gracias porque nuestros maestros son parte de los cinco ministerios que están perfeccionando y equipando por completo a los santos (el pueblo consagrado de Dios), [que deban hacer] la obra del ministerio, para la edificación del cuerpo de Cristo (la Iglesia), [que puedan desarrollarse] hasta que todos lleguemos a la unidad de la fe y del conocimiento pleno y exacto del Hijo de Dios; que [nosotros podamos alcanzar] la madurez verdadera —la personalidad completa que no es menos que la estatura de la perfección misma de Cristo— la medida de la estatura de la plenitud de Cristo, y lo completo que se halla en Él.

Gracias Padre, porque tu pueblo, en nuestra iglesia, ya no son niños fluctuantes, llevados [como barcos] por todo viento de un lado a otro. Ellos son envueltos en amor, creciendo en todo, en todas las cosas, en Aquel que es la cabeza, [esto es], Cristo, el Mesías, el Ungido.

Padre, tú estas trabajando eficazmente en nuestros maestros —dándoles energía y creando en ellos el poder y el deseo— tanto el querer como el hacer para tu placer y satisfacción y deleite. Padre, en el nombre de Jesús, su poder y habilidad y suficiencia vienen de ti. [Eres tú] el que les califica (haciendo que sean capaces, dignos y suficientes) como ministros y promotor de un nuevo pacto. Ellos no son ministros de la ley que mata, sino del Espíritu (Santo) que les vivifica.

Padre, nos regocijamos sobre nuestros maestros en el Señor y nos comprometemos a sostenerles con nuestra fe y nuestro amor. No les hemos de juzgar ni criticar, pero hablaremos cosas excelentes y magníficas en relación a ellos. El abrir de nuestros labios será para cosas rectas.

Gracias Padre, que los maestros viven en armonía con los otros miembros de nuestra iglesia, estando en completo acuerdo y con una mente e intención armoniosa. Cada uno no mira [sólo] por lo suyo, sino cada cual también por lo de los demás. Jesús es nuestro ejemplo en humildad, y nuestros maestros se ocuparán de —alimentar, guardar, guiar, y apacentar— la grey de Dios la cual es [su responsabilidad], y serán ejemplos de la vida cristiana a la grey (la congregación).

Gracias Padre, por apresurar tu Palabra, por cumplir tu Palabra en medio nuestro, en el nombre de Jesús.

Escrituras de referencia

Éxodo 31:3,4   2 Corintios 3:5b,6

Romanos 12:7   Proverbios 8:6

Santiago 3:1,2   Filipenses 2:2,4,5

Efesios 4:12-15   1 Pedro 5:2,3

Filipenses 2:13   Jeremías 1:12

35

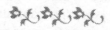

Éxitos de
una conferencia

Padre, oramos para que aquellos que escuchen el mensaje en la conferencia _____ crean, se unan, confíen y tengan su fundamento en Jesús, como el Cristo, y que todos aquellos que tú has llamado para asistir a la conferencia se encuentren allí y reciban lo que tú posees para ellos.

Permite que este evento sea conocido y comprendido por todos que es en el nombre de Jesucristo de Nazaret y por medio de su poder y autoridad, y por lo que Él significa, que esta conferencia sea un éxito.

Que los oradores sean llenos del Espíritu Santo y controlados por Él. Que cuando la gente vea la audacia y la elocuencia sin límites de los predicadores, se queden maravillados y reconozcan que han estado con Jesús. Que todo el mundo alabe y glorifique a Dios por lo que estará ocurriendo. Que por las manos de los ministros se realicen numerosas señales sorprendentes y maravillosas entre los presentes.

Padre, en el nombre de Jesús, te agradecemos que tú has observado las amenazas del enemigo y nos has concedido, a nosotros tus siervos, plena libertad para exponer tu mensaje sin temor, mientras tú extiendes tu mano y realizas señales y prodigios a través de la autoridad y el poder del nombre de tu Hijo santo y siervo Jesús.

Te agradecemos, Padre, que cuando oremos, el lugar donde nos congreguemos sea sacudido y todos seamos llenos del Espíritu Santo y tu pueblo pueda continuar hablando la Palabra de Dios libremente con audacia y sin temores.

Por consenso común, todos nos reuniremos en la conferencia. Más y más personas se regocijarán con nosotros —una multitud de hombres y mujeres. La gente vendrá de todas las regiones del norte, sur, este y oeste trayendo enfermedades y problemas con espíritu afligido y ellos serán sanados.

Te damos gracias, Padre, que nuestros predicadores son hombres y mujeres probados de buen carácter y reputación, llenos del Espíritu Santo y de sabiduría. La gente que los oirá no podrán resistir la inteligencia, la sabiduría y la inspiración del Espíritu con el cual hablarán, en el nombre de Jesús.

¡Gracias, Padre, por la presentación de tu Palabra, en el nombre de Jesús!

Escrituras de referencias

Hechos 4:10,13,21	Hechos:5:12b.13.16
Hechos 5:12a	Hechos 6:3,10
Hechos 4:29-31	

36

Visión para una Iglesia

℘adre, en el nombre de Jesús, venimos ante tu presencia a darte gracias por _____ (nombre de la iglesia). Tú nos has llamado a ser santos en _____ (nombre de la ciudad) y alrededor del mundo. Así que alzamos nuestras voces al unísono para reconocer que tú eres Dios, y todo lo que existe está creado por ti y para ti.

Te damos gracias que estamos identificados: no hay división entre nosotros, estamos idénticamente unidos en la misma mente. Concédenos ser tus representantes aquí, sin temor alguno de proclamar tu Palabra la cual tú confirmarás con las correspondientes señales. Te damos gracias que tenemos obreros en abundancia y gente capacitada para cualquier tipo de trabajo. Cada departamento obra en la excelencia del ministerio y las intercesiones. Tenemos en nuestra iglesia las ofrendas del ministerio para la edificación de este cuerpo hasta que todos lleguemos a la unidad de la fe y el conocimiento del Hijo de Dios, a la madurez individual. Ninguno de nuestro pueblo será niño fluctuante, llevado y traído por todo viento de doctrina. Proclamaremos la verdad en amor.

Somos un cuerpo de creyentes que crece y testifica beneficiado con _____(número) miembros fuertes. Conocemos nuestras necesidades. Por lo tanto, encontramos las necesidades de las personas que vienen — del alma, del espíritu y del cuerpo. Pedimos por la sabiduría de Dios para cubrir esas necesidades. Padre, te damos gracias por el ministerio de ayuda para el cual Tú nos has llamado con más apremio. Nuestra iglesia está prosperando financieramente, y tenemos más que suficiente para resolver cualquier situación. Tenemos todo lo que necesitamos para enviar a tu gran comisión y alcanzar _____ (nombre de la ciudad o país) área para Jesús. Somos un pueblo de amor, así que el amor es derramado hacia el extranjero en nuestros corazones por el Espíritu Santo. ¡Te damos gracias que la Palabra de Dios está viviendo a plenitud en todos nosotros y Jesús el Señor!

Somos una iglesia extraordinaria, integrada por un pueblo excepcional que hace cosas maravillosas, porque somos colaboradores unidos con Dios. ¡Te damos gracias por tu presencia entre nosotros y alzamos nuestras manos y alabamos tu santo nombre!

Escrituras de referencia

Hechos 4:24	Efesios 4:11-15
Romanos 4:17	Filipenses:4:19
1 Corintios 1:10	Romanos 5:5
Hechos 4:29	1 Corintios 3:9
Marcos 16:20b	Salmo 63:4
Éxodo 35:33	

Esta oración fue escrita por T.R. King; y utilizada con su permiso
y el de Valley Christian Center; Roanoke, Virginia.

37

Oración de un pastor por la congregación

adre, como pastor de _____ , me acerco al trono de tu gracia en nombre de mi congregación. Doy gracias a mi Dios, en todos mis recuerdos referente a ellos. En cada oración que formulo, siempre ruego por todos con gozo (deleite). [Agradezco a mi Dios] por su compañerismo —por su ayuda comprensiva, sus contribuciones, y asociación— en difundir las buenas nuevas (el Evangelio). Y estoy convencido y seguro de que tú has comenzado en ellos la buena obra y la continuarás hasta el día que Jesucristo — se levante a la hora de su regreso — desarrollando [esa buena obra] perfeccionándola y trayendo plena terminación en ellos.

En el nombre de Jesús, es bueno y apropiado para mí tener esta confianza y sentir de esta forma respecto a mi congregación, porque de igual manera ellos me hacen llevarlos en mi corazón como partícipes, y compartiéndola todos conmigo, de la gracia (don inmerecido de Dios y bendición espiritual).

Padre, tú eres mi testigo y conoces cuánto los he buscado y dedicado a ellos con amor, al ofrecerles las misericordias de Cristo Jesús.

Y oro, para que su amor pueda abundar más y más hasta llegar a su completo desarrollo y conocimiento y llegar a comprender con todo entusiasmo —eso es, que su amor pueda (demostrado en sí mismo) alcanzar el más profundo conocimiento y el máximo discernimiento, de manera que ellos puedan aprender con seguridad el sentido de lo que es vital, y aprobar y valorar lo que es excelente y tiene realmente valor— al reconocer lo que es superior y lo mejor, y saber distinguir la diferencia moral. Oro para que ellos puedan estar sin manchas, puros e inocentes, que —con corazones sinceros e intachables— puedan [aproximarse] al día del Cristo, sin tropezar ni ser piedra de tropiezo para los demás.

Padre, que la congregación pueda abundar y ser llenos con los frutos de justicia (de una posición y una conducta correctas ante Dios) la cual viene por medio de Jesucristo, el Ungido, para honra y alabanza de Dios —para que su gloria sea manifestada y reconocida.

Me comprometo contigo, Padre, a comenzar de nuevo y por ellos, porque estoy convencido de esto, y permaneceré con la congregación para promover su desarrollo y regocijarme en su fe, de manera que puedan encontrar en mí abundantes motivos para exultar y glorificar a Cristo Jesús. En el nombre de Jesús, ellos se sentirán seguros como ciudadanos tanto como de que llevar ese estilo de vida será digno de las buenas nuevas (el Evangelio) de Cristo.

Gracias, Padre, porque ellos permanecen firmes en unidad de espíritu y propósito, luchando juntos y contendiendo con una sola mente por la fe de las buenas nuevas (el Evangelio). En ninguna circunstancia ellos se han dejado intimidar por el enemigo, por tanto (constancia e intrepidez) será una señal evidente (prueba y sello) a sus enemigos de (su inminente) destrucción; pero [una muestra segura y evidencia] para la congregación de su liberación y salvación, y eso gracias a ti, Padre.

La congregación de _____ llena y completa mi gozo viviendo en armonía y siendo de una sola mente y un mismo propósito, sintiendo el mismo amor, estando plenamente de acuerdo en una mente armoniosa e intención.

Escrituras de referencia

Filipenses 1:4-7a8-11,25-28   Filipenses 2:2

38

Protección del terrorismo

Padre, en el nombre de Jesús, te alabamos y te ofrecemos agradecimiento porque el Señor está cerca, Él viene pronto. Por lo tanto, no nos hemos de preocupar ni tener ansiedad por el terrorismo que amenaza las vidas de aquellos quienes viajan y aquellos en sus puestos estacionados sobre tierra extranjera o en casa. Pero, en esta circunstancia y en todo continuamos haciendo nuestras oraciones y peticiones (peticiones en firmes) conocidas delante de ti en toda oración y ruego con acción de gracias.

Padre, nuestra petición es que cese el terrorismo en los lugares celestiales y en la tierra, antes de que se extienda a otros países y venga a nuestra tierra, _____ .

Jesús, tú nos has dado la autoridad y el poder de hollar serpientes y escorpiones y (fuerza y habilidad física y mental) sobre toda fuerza que el enemigo (posee), y nada nos hará daño.

Por lo tanto, en el nombre de Jesús, nos dirigimos y tomamos autoridad sobre el príncipe de poder del aire y sobre principados, potestades, contra los gobernadores de las tinieblas de este siglo, y huestes espirituales de maldad en las regiones celestes quienes han sido asignados por Satanás para aterrorizar a gobiernos temerosos de Dios y a sus gentes.

Satanás, atamos tus obras y las rendimos nulo y sin poder en el nombre de Jesucristo de Nazaret, y te prohibimos que operes en _____. Te echamos fuera de nuestra tierra y otros países que temen a Dios y mientras clamamos, te ordenamos en este día que te des vuelta y te vayas; pues esto sabemos, que Dios es por nosotros, y si Dios es por nosotros, ¿quién puede estar contra nosotros?

En el nombre de Jesús, tomamos autoridad sobre el espíritu de timidez, de cobardía, y de servil y temor desfalleciente (de terrorismo), pues Dios nos ha dado espíritu de poder y de amor y de calma, y una mente balanceada y disciplina y dominio propio.

No temeremos al terror nocturno, ni a saeta (tramas y calumnias malvadas del malo) que vuele de día, ni pestilencia que ande en oscuridad, ni mortandad que en medio del día sorprenda y destruya.

Por lo tanto, nos establecemos sobre justicia, lo bueno, (correcto), conforme a la voluntad y orden de Dios; estaremos lejos aun del pensamiento de opresión o destrucción, porque no temeremos; y del terror porque no se nos acercará.

Espíritu Santo, gracias por escribir esta Palabra sobre nuestros corazones para que podamos hablarla, pues pondremos nuestra conversación en orden y Tú nos mostrarás la salvación de Dios. ¡Aleluya!

Escrituras de referencia

Filipenses 4:5,6b	Romanos 8:31b
Lucas 10:19	2 Timoteo 1:7
Efesios 6:10	Salmo 91:5, 6
Efesios 2:2	Isaías 54:14
Efesios 6:12	Proverbios 3:3b
Mateo 16:19	Salmo 50:23
Salmo 56:9	

39

Protección y liberación de una ciudad

Padre, en el nombre de Jesús, hemos recibido tu poder, habilidad, eficacia y fuerza, porque el Espíritu Santo ha venido sobre nosotros; y nosotros somos tus testigos en y _____ a los confines, los mismos límites, de la tierra.

Nos acercamos confiadamente, sin temor y con denuedo, al trono de gracia para que podamos alcanzar misericordia y encontrar gracia para el oportuno socorro, para toda necesidad, ayuda apropiada y en buen tiempo, que viene justo cuando nosotros en la ciudad de (espacio) lo necesitamos.

Padre, gracias por enviar tus mandamientos a la tierra; tu Palabra corre velozmente a través de _____. Tu Palabra sigue creciendo y esparciéndose.

Padre, nosotros buscamos, pedimos por, y requerimos, la paz y el bienestar de (espacio) en donde tú has ordenado que vivamos. A ti oramos por el bienestar de esta ciudad y hacemos nuestra parte al involucrarnos en ella. No permitiremos que (falsos) profetas y adivinos que están entre nosotros nos engañen; no le damos atención ni le ponemos importancia a los sueños que nosotros soñamos, o a los de ellos. Oh Señor, destruye (sus maquinaciones); confunde sus lenguas; pues hemos visto violencia y contiendas en la ciudad.

Espíritu Santo, te pedimos que visites nuestra ciudad y que abras los ojos de las personas, que ellos puedan volverse de las tinieblas hacia la luz, y del poder de Satanás a Dios, para que así puedan recibir perdón y liberación de sus pecados, y un lugar y una porción entre aquellos que son consagrados y purificados por la fe en Jesús.

Padre, oramos por la liberación y salvación de aquellos quienes siguen el curso y moda de este mundo, quienes están bajo el dominio de la tendencia de este siglo presente, siguiendo al príncipe del poder del aire.

Padre, perdónalos, porque no saben lo que hacen.

Hablamos al príncipe del poder del aire, al dios de este mundo quien ciega las mentes de los incrédulos (para que no puedan discernir la verdad), y ordenamos que se vaya de los cielos que están sobre nuestra ciudad.

Padre, gracias por los ángeles guardianes asignados a este lugar para luchar por nosotros en los lugares celestiales.

En el nombre de Jesús, nos paramos victoriosos sobre los principados, potestades, gobernadores de las tinieblas de este siglo, y huestes espirituales de maldad en las regiones celestes sobre _____ .

Pedimos al Espíritu Santo que recorra las puertas de nuestra ciudad y que persuada a las personas y que les lleve a ellos demostraciones de sus propios pecados y de su propia justicia, rectitud de corazón y rectos delante de Dios, y sobre el juicio.

Padre, tú has dicho, "Porque yo sé los pensamientos que tengo acerca de vosotros... pensamientos de paz, y no de mal, para daros el fin que esperáis" (Jeremías 29:11). La ciudad de _____ es exaltada por la bendición de la influencia de los rectos y del favor de Dios (por causa de ellos).

Escrituras de referencia

Hechos 1:8   Lucas 23:34a

Hebreos 4:16   2 Corintios 4:4

Salmo 147:15   Efesios 6:12

Hechos 12:24   Salmo 101:8

Jeremías 29:7,8   Juan 16:8

Salmo 55:9   Jeremías 29:11

Hechos 26:18   Proverbios 11:11a

Efesios 2:2

Oraciones por las necesidades de otros

40

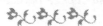

Una cerca de protección

Padre, en el nombre de Jesús, levantamos a ti a _____ y oramos una cerca de protección alrededor de él/ella. Te damos gracias Padre, que tú eres una pared de fuego alrededor de _____ y que tú pones a tus ángeles alrededor de él/ella.

Padre, te damos gracias porque_____ habita al abrigo del Altísimo, y mora bajo la sombra del Omnipotente. Decimos que tú, Señor, eres su refugio y castillo, en ti él/ella confiará. Tú cubres a _____ con tus plumas, y debajo de tus alas estará seguro. _____ no temerá el terror nocturno ni saeta que vuele de día. Sólo con sus ojos _____ contemplará y verá la recompensa de los impíos.

Porque_____ te ha hecho a ti, Señor, su refugio y castillo, ningún mal vendrá sobre él/ella, ningún accidente le acontecerá a él/ella, ni ninguna plaga o calamidad vendrá cerca de él/ella. Porque tú mandas a tus ángeles cerca de _____, para que le guarden en todos tus caminos.

Padre, porque tú has puesto tu amor sobre _____ tú le librarás a él/ella. _____ clamará a ti, y tú le responderás.

Tú estarás con él/ella en los problemas y satisfacerás a ____ ____ con una larga vida y le mostrarás a él/ella tu salvación. Ni un solo cabello de su cabeza perecerá.

Escrituras de referencia

Zacarías 2:5

Salmo 34:7

Salmo 91:1,2

Salmo 91:4,5

Salmo 91:8-11

Salmo 91:14-16

Lucas 21:18

41

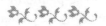

Prosperidad

Padre, en el nombre de Jesús, te alabo con todo mi corazón. Te alabo por tus poderosas obras, y ¡de acuerdo a la abundancia de tu grandeza! Por medio de la fe en el nombre de Jesús, yo digo que _____ ha recibido y disfruta de la vida, y la tiene en abundancia, a la plenitud, ¡hasta que sobreabunde!

Padre, de acuerdo a tu Palabra, es tu deseo que_____ prospere y tenga salud, así como su alma prospera. En el nombre de Jesús, yo declaro que _____ elimina toda inmundicia y crecimiento desenfrenado de maldad, y en un espíritu humilde (gentil, modesto) recibe y acoge la Palabra, la cual ha sido implantada y arraigada (en su corazón), que contiene el poder de salvar su alma. En el nombre de Jesús, yo afirmo que él/ella obedecerá el mensaje con diligencia; siendo un hacedor de la Palabra, no meramente un oidor de ella.

Yo declaro que su deleite y deseo están en la ley del Señor, y en su ley, los preceptos, las instrucciones, las enseñanzas de Dios, él/ella meditará continuamente (reflexiona y estudia) día y noche. Luego, él/ella será como árbol plantado (y atendido) junto a corrientes de aguas, listo para traer su fruto en su tiempo; su hoja no se pierde ni se marchita, y todo lo que él/ella haga prosperará (y se madurará).

Espíritu Santo, Jesús dijo que tú traerías a su memoria todas las cosas. Por lo tanto, yo decreto que él/ella se acordará (fervientemente) del Señor, su Dios; pues eres tú el que le da a _____ el poder de hacer riquezas, para que tú puedas establecer tu pacto, el cual juraste a nuestros padres.

Padre, yo atestiguo de que de la abundancia de su corazón, _____ continuamente dirá: Sea exaltado el Señor, que ama la paz de su siervo. Y su lengua hablará de tu rectitud y de tu justicia, y de (su razón por) alabarte todo el día.

Escrituras de referencia

Salmo 9:1   Salmo 1:2, 3

Salmo 150:2   Juan 14:26b

Juan 10:10b   Deuteronomio 8:18

3 Juan 2   Mateo 12:34

Santiago 1:21,22   Salmo 35:27b,28

42

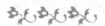

Liberación de los problemas mentales

Padre, en el nombre de Jesús, me acerco sin temor, con confianza y con denuedo al trono de gracia; para que yo pueda alcanzar misericordia y encontrar gracia para el oportuno socorro de _____.

Es mi oración que _____ venga al conocimiento de la verdad y que sea salvo de la destrucción. Padre, de acuerdo a Salmo 107:20, tú mandaste tu Palabra y sanaste a _____ y le libraste de todas sus destrucciones. Estoy clamando a ti en el día de la angustia, pidiendo que liberes a _____, y en el nombre de Jesús él/ella te honrará y te glorificará. Te doy gracias, Padre, por liberar su alma de la muerte, y sus pies de caer, para que él/ella pueda caminar delante de ti en la luz de los vivos.

Eres tú, Padre, el que libera a _____ del hoyo y de la corrupción de _____ (nombre de problema: esquizo-frenia, paranoia, depresión maníaca, etc.). Padre, Tú no le has dado a _____ espíritu de timidez, de cobardía, de temor, sino [tú le has dado a él/ella un espíritu de] poder y de amor y una mente en calma y bien balanceada y disciplina y dominio propio.

En el nombre de Jesús, yo le perdono sus pecados y me pongo en la brecha por él/ella hasta que él/ella recobre sus sentidos (y) escape del lazo del diablo, el cual le ha mantenido cautivo.

Satanás, me paro en contra tuya, tus principados, y poderes, tus gobernadores de las tinieblas de este siglo, y huestes espirituales de maldad en los lugares celestiales que han sido asignados a _____ *. Es nuestro Dios quien libera a*_____ *de la autoridad de las tinieblas y ha trasladado a* _____ *al reino de su amado Hijo.*

Yo decreto y declaro que la ley del Espíritu de vida en Cristo Jesús ha hecho a _____ libre de la ley del pecado y de la muerte. _____ ya no será de doble ánimo, fluctuante, dudoso, indeciso, inestable y poco fidedigno e inseguro de todo (él/ella piensa, siente y decide)._____ eliminará toda inmundicia y crecimiento desenfrenado de maldad, y en un espíritu humilde (gentil, modesto) recibe y acoge la Palabra, la cual siendo implantada y arraigada (en su corazón), contiene el poder de salvar su alma *(mente, voluntad y emociones).*

En el nombre de Jesús, gracia y paz sean con _____, de Dios nuestro Padre, y de nuestro Señor Jesucristo, el cual se dio a sí mismo por los pecados de él/ella para librarle a él/ella del presente siglo malo, conforme a la voluntad de nuestro Dios y Padre, a quien sea la gloria por los siglos de los siglos. Amén.

Escrituras de referencia

Hebreos 4:16	2 Timoteo 2:26
Salmo 50:15	Efesios 6:12
Salmo 56:13	Colosenses 1:13
Salmo 103:4a	Romanos 8:2
2 Timoteo 1:7	Santiago 1:8,21
Juan 20:23	Gálatas 1:3-5

43

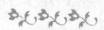

Venciendo la infidelidad

Padre, te doy gracias que tú oyes mi oración, pues yo vengo en el nombre de Jesús y en la autoridad de tu Palabra. Vengo con confianza ante tu trono de gracia para recibir misericordia y encontrar gracia para ayudar a favor de_____ y _____ . Tomo mi lugar, parado en la brecha, contra el diablo y sus demonios hasta que la salvación de Dios sea manifestada en sus vidas. Padre, les perdono sus pecados y me paro firme sabiendo que el Espíritu Santo les va a dar convicción de pecado, justicia y juicio.

La esposa, _____ , es cuerda, y de mente sensata, moderada y disciplinada. Ama a su esposo y a sus hijos, y se limita a ellos. Ella tiene dominio propio, es pura, buena y bondadosa, adaptándose y sometiéndose a su esposo, para que la Palabra de Dios no sea expuesta a reproche, blasfemada o desacreditada.

De forma similar, su esposo, _____ , es ecuánime y prudente, tomando en serio su vida. Toma agua de su propia cisterna (de una relación pura de matrimonio), y los raudales de su propio pozo, no sea que sus hijos sean esparcidos lejos como fuentes por las calles. Se limita a su propia esposa, y sus hijos serán sólo para ellos y no los hijos de extraños con ellos. Su manantial es bendecida con la recompensa de la fidelidad, y se alegra con la mujer de su juventud. Él permite que su esposa sea para él como sierva amada y graciosa gacela (tierna, gentil, atractiva). Permite que el seno de ella lo satisfaga en todo tiempo; y él se tranporta con deleite en su amor.

El esposo se somete a Cristo, quien es la cabeza del hombre. El esposo es la cabeza de su propia esposa, y uno a otro se someten por reverencia a Cristo.

Padre, gracias, por oír mi oración en nombre de esta familia. Yo sé que tú vigilas tu Palabra para ponerla por obra. En el nombre de Jesús.

Escrituras de referencia

Tito 2:4-6	1 Corintios 11:3
Proverbios 5:15-19	Efesios 5:21
Hebreos 9:14	Jeremías 1:12

44

Venciendo el rechazo en el matrimonio

Padre, en el nombre de Jesús,_____ y _____ son librados del presente siglo malo a través del Hijo del Dios vivo, y aquel a quien el Hijo libera, es verdaderamente libre. Por lo tanto, ellos son libres del espíritu de rechazo y aceptados en el Amado, para ser santos y sin reproche en sus ojos. Ellos perdonan a todos aquellos que le han hecho mal, y sus heridas del pasado son sanadas, porque Jesús vino a sanar a los quebrantados de corazón.

Ellos son escogidos de Dios, santos y amados. Se visten de entrañable misericordia, de benignidad, de humildad, de mansedumbre y de paciencia. Se soportan el uno al otro y se perdonan el uno al otro cualquier motivo de queja que puedan tener contra el otro. Ellos perdonan, así como el Señor les ha perdonado a ellos. Y sobre todas estas virtudes, se visten de amor, que es el vínculo perfecto.

Cuando eran niños hablaban como niños, pensaban como niños, juzgaban como niños, pero ahora son esposo y esposa, y han dejado a un lado lo que es de niño. La sangre de Cristo, el cual mediante el Espíritu eterno se ofreció a sí mismo sin mancha a Dios, limpia sus conciencias de obras muertas de egoísmo, pasiones inquietas, y conflictos morales, para que puedan servir al Dios vivo. No tocan nada sucio porque son hijo e hija del Dios Altísimo. El poder de Satanás sobre ellos está roto y sus fortalezas son derribadas. El pecado ya no tiene dominio sobre ellos ni sobre su hogar.

El amor de Dios reina supremo en su hogar, y la paz de Dios opera como árbitro en toda situación. Jesús es su Señor —en espíritu, alma y cuerpo.

Escrituras de referencia

Gálatas 1:4	Romanos 6:18
Juan 8:36	Colosenses 3:12-15
Efesios 1:16	1 Corintios 13:11
Lucas 4:18	1 Tesalonicenses 5:23

45

Completo en Él como soltero

𝒫adre, te damos gracias que_____ desea y busca con fervor las cosas de tu Reino. Te damos gracias que él/ella sabe que tú le amas y que él/ella puede confiar en tu Palabra.

Porque en Jesús habita corporalmente toda la plenitud de la Deidad (el Altísimo), dando una expresión completa de la naturaleza divina, y _____ está en Él y ha llegado a la plenitud de vida en Cristo. Él/ella está lleno del Altísimo, Padre, Hijo y Espíritu Santo, y él/ella llega a la completa estatura espiritual. Y Cristo es la cabeza de todo principado y potestad, de todo principado y poder angelical.

Por lo tanto, por Jesús, _____está completo; Jesús es su Señor. Él/ella viene delante de ti, Padre, deseando un compañero/a cristiano nacido de nuevo. Pedimos que tu voluntad se cumpla en la vida de él/ella. Ahora entramos en ese reposo, cumpliendo, confiando, y dependiendo de ti, en el nombre de Jesús.

Escrituras de referencia

Colosenses 2:9-10   Hebreos 4:10

46

❧❧❧❧❧

Venciendo actitudes negativas de trabajo

Padre, gracias, en el nombre de Jesús, por vigilar tu Palabra para ponerla por obra. _____ es obediente a sus empleadores —jefes o supervisores— respetándoles y deseoso de complacerles, con determinación y con todo su corazón, como a Cristo, no sirviendo al ojo, como si le estuviesen vigilando, sino como siervo (empleado) de Cristo, haciendo la voluntad de Dios de todo corazón y con toda su alma.

_____ siempre está dispuesto a rendir servicio de buena voluntad, como al Señor y no a los hombres. Él/ella sabe que del bien que hace recibirá su recompensa del Señor.

_____ hará todo sin quejas, sin críticas y sin reclamar a Dios, preguntando y dudando dentro de sí mismo. Él/ella es irreprensible y sencillo, un hijo de Dios, sin mancha en medio de una nación maligna y perversa, en medio de la cual él/ella resplandece como luminaria en el mundo.

Él/ella reverencia al Señor, y su trabajo es una expresión sincera de su devoción a Él. Cual sea su tarea, él/ella la hace con toda su alma, como para el Señor. Aquel que _____ en realidad está sirviendo es al Señor.

Escrituras de referencia

Efesios 6:5-8   *Filipenses 2:14,15*
Colosenses 3:22-24

47

❦❦❦❦

Consuelo para una persona que ha perdido a un ser querido cristiano

Te doy gracias, Padre, porque tenemos un Sumo Sacerdote que puede comprender, compadecerse y siente por las debilidades y enfermedades de _____ (dolor sobre la pérdida de su_____ . Por lo tanto, me acerco con confianza, sin temor y con denuedo, al trono de la gracia para que_____ pueda alcanzar misericordia y encontrar gracia para el oportuno socorro para toda necesidad, ayuda apropiada y a buen tiempo, que viene justo cuando _____ lo necesita.

Padre, te doy gracias que _____ no se entristece como uno que no tenga esperanza, porque él/ella cree que Jesús murió y resucitó; así tambien traerá Dios con Jesús a su amado/a que duerme en Él. Te pido que consueles a _____ , pues tú has dicho, "Bienaventurados los que lloran, porque ellos recibirán consolación" (Mateo 5:4).

Jesús, tú has venido a sanar al quebrantado de corazón. Padre, es en el nombre de Jesús que tú consuelas a _____ , porque tú le has amado y le has dado consolación eterna y buena esperanza por gracia.

Bendito sea el Dios y Padre de nuestro Señor Jesucristo, Padre de misericordias y Dios de toda consolación; El cual consuela a _____ en todas sus tribulaciones, para que él/ella pueda consolar a aquellos que están en cualquier tribulación, por medio de la consolación con que él/ella fueron consolados por Dios.

Padre, gracias por conceder que se le dé a _____ que llora en Sión, diadema en vez de ceniza, aceite de alegría en vez de luto, manto de alabanza en vez de espíritu abatido; para que sea llamado roble de justicia, plantío del Señor, para que tú seas glorificado.

Escrituras de referencia

Hebreos 4:15,16	2 Tesalonicenses 2:16
1 Tesalonicenses 4:13b,14	2 Corintios 1:3,4
Mateo 5:4	Isaías 61:3
Lucas 4:18	

48

Hijos en el colegio

Padre, en el nombre de Jesús, confieso tu Palabra en este día referente a mis hijos mientras continúan con sus estudios y entrenamiento en el colegio. Tú trabajas con eficacia en ellos creando en su interior el poder y el deseo de complacerte. Ellos son cabeza y no cola, están encima y no debajo.

Yo oro que para que mis hijos hallen favor, buen entendimiento y buena estima ante los ojos de Dios y de sus maestros y compañeros de clase. Te pido que les des sabiduría y entendimiento a mis hijos, mientras se les presente ciencia en toda rama de estudio y esfuerzo.

Padre, te doy gracias por darles a mis hijos una apreciación por la educación, y por ayudarles a entender que la Fuente y comienzo de toda sabiduría eres tú. Ellos tienen el apetito del diligente, y son suplidos con abundancia de recursos educacionales, y sus pensamientos son los de aquellos diligentes que tienden solamente al logro. Gracias, porque crecen en sabiduría y conocimiento. No dejaré de orar por ellos, pidiendo que sean llenos del conocimiento de tu voluntad, llevando fruto en toda buena obra.

Padre, te doy gracias que mis hijos tienen protección divina ya que habitan al abrigo del Altísimo. Mis hijos confían

y encuentran su refugio en ti y se mantienen arraigados y
cimentados en tu amor. No serán llevados por doquier por
filosofías de hombres y enseñanza que es contraria a la
Verdad. Tú eres su escudo y su baluarte protegiéndoles de
cualquier ataque o amenaza. Gracias por los ángeles que has
asignado para que les acompañen, les defiendan y les man-
tengan en todos sus caminos de obediencia y servicio. Mis
hijos están establecidos en tu amor, el cual saca para afuera
todo temor.

Oro para que los maestros de mis hijos sean hombres y
mujeres de Dios y de integridad. Dale a nuestros maestros
corazones comprensivos, y sabiduría para que puedan andar
en los caminos de piedad y virtud, reverenciando tu santo
nombre.

Escrituras de referencia

Filipenses 2:13	Salmo 91:1, 2
Deuteronomio 28:1,2,13	Efesios 4:14
Proverbios 3:4	Salmo 91:3-11
1 Reyes 4:29	Efesios 1:17
Daniel 1:4	Salmo 112:8
Proverbios 1:4,7	Efesios 3:17
Proverbios 3:13	Mateo 18:18
Proverbios 4:5	Santiago 1:5
Colosenses 1:9,10	

49

❧❧❧❧

El futuro del niño

Padre, tu Palabra declara que los hijos son herencia tuya y prometes paz cuando son enseñados en tus caminos. Te dedico hoy a _____ para que él/ella sea criado como tú desearías y que siga el camino que tú escojas. Padre, confieso tu Palabra hoy sobre _____ . Te doy gracias que tu Palabra sale y no regresa a ti vacía, sino que cumplirá lo que digo que hará.

Padre celestial, me comprometo como padre a instruir a _____ en el camino que él/ella debe andar, confiando en la promesa de que él/ella no se apartará de tus caminos, sino que ha de crecer y prosperar en ellos. Te entrego a ti el cuidado y la carga de criar a él/ella. No voy a provocar a mi hijo, sino que le voy a criar y amar en tu cuidado. Haré como lo manda la Palabra de Dios y enseñaré con diligencia a mi hijo. Mi hijo estará en mi corazón y en mi mente. Tu gracia es suficiente para vencer cualquier ineficacia como padre.

Mi hijo _____ es obediente y honra a ambos padres, siendo capaz de aceptar las abundantes promesas de tu Palabra en cuanto a larga vida y prosperidad. _____ es un niño piadoso; no tiene vergüenza ni miedo de honrar y guardar tu Palabra. Él/ella está convencido de que tú eres el

Dios Altísimo. Estoy agradecido de que mientras _____ crece, él/ella se acordará de ti y no dejará pasar la oportunidad de tener una relación con tu Hijo, Jesús. Tus grandes bendiciones estarán sobre _____ por guardar tus caminos. Te doy gracias por tus bendiciones sobre cada área de la vida de _____ , porque tú verás la salvación y la obediencia de su vida a tus caminos.

Padre celestial, te doy gracias ahora porque obreros serán enviados a cruzar el camino de_____, preparando el camino para la salvación, a través de tu Hijo Jesús, como está escrito en tu Palabra. Estoy agradecido de que _____ se dará cuenta de las trabas del diablo y será entregado a la salvación por medio de la pureza de tu Hijo. Tú le has dado a_____ la gracia y la fuerza para caminar el camino angosto hacia tu reino.

Yo oro que así como Jesús creció en sabiduría y estatura, tú bendecirás esta criatura con la misma sabiduría y derramarás tu favor y sabiduría en abundancia sobre él/ella.

Te alabo de antemano por el cónyuge de_____. Padre, tu Palabra declara que tú deseas que los niños sean puros y honrosos, esperando hasta el matrimonio. Le hablo bendiciones sobre la unión futura, y creo que _____ va a ser adecuado para su pareja y que su hogar estará en orden divino, reteniendo con firmeza el amor de Jesucristo. Continúa preparando a _____ para que sea el hombre/la mujer de Dios que tú deseas que sea.

_____ será diligente y trabajador, nunca será vago o indisciplinado. Tu Palabra promete grandes bendiciones para su hogar y él/ella siempre estará satisfecho y siempre prosperará. Piedad es de provecho para su casa, y _____ recibirá la promesa de vida y todo lo por venir.

Gracias, Padre, por proteger y guiar a mi hijo.

Escrituras de referencia

Salmo 127:3	Mateo 7:14
Isaías 54:13	Lucas 2:52
Isaías 55:11	Hebreos 13:4
Proverbios 22:6	1 Tesalonicenses 4:3
1 Pedro 5:7	Efesios 5:22-25
Efesios 6:4	2 Timoteo 1:13
Deuteronomio 6:7	Proverbios 13:11
2 Corintios 12:9	Proverbios 20:13
Efesios 6:1-3	Romanos 12:11
2 Timoteo 1:12	1 Timoteo 4:8
Proverbios 8:17,32	1 Juan 3:8
Lucas 19:10	Juan 10:10
Mateo 9:38	Mateo 18:18
2 Corintios 2:11	Juan 14:13
2 Timoteo 2:26	Salmo 91:1, 11
Job 22:30	

50

❦❦❦❦❦

Oración para
un adolescente

Padre, en el nombre de Jesús, afirmo tu Palabra sobre mi hijo/a. Me comprometo contigo y también me deleito en ti. Te doy gracias porque sacas de la rebelión hacia una relación correcta con nosotros, sus padres.

Padre, el primer mandamiento con promesa es para el niño que obedece a sus padres en el Señor. Tú dices que todo le saldrá bien y que él/ella vivirá una vida larga. Afirmo esta promesa en nombre de mi niño, pidiendo que tú le des a _____ un espíritu obediente para que él/ella pueda honrar (estimar y valorar como precioso) a su padre y a su madre.

Padre, perdóname los errores que yo haya cometido por mis propias heridas no resueltas o por mi egoísmo que hayan causado heridas a _____. Suelto la unción que está sobre Jesús para que venda y sane nuestros (de los padres y los hijos) corazones quebrantados. Danos la habilidad de entender y perdonarnos los unos a los otros así como Dios, por amor a Jesús, nos perdonó a nosotros. Gracias por el Espíritu Santo que nos lleva a toda verdad y que corrige ideas erróneas acerca de situaciones del pasado o del presente.

Gracias por enseñarnos a escucharnos los unos a los otros y a dar a _____ un oído que oye amonestación, pues entonces él/ella será llamado sabio. Afirmo que hablaré cosas excelentes y magníficas, y que el abrir de mis labios será para cosas correctas. Padre, me comprometo a entrenar y a enseñar a _____ en el camino que él/ella deba ir y cuando (espacio) sea viejo no se apartará de la sana doctrina y enseñanza, sino que le seguirá todos los días de su vida. En el nombre de Jesús, ordeno que la rebelión esté lejos del corazón de mi hijo, y confieso que él/ella está dispuesto y es obediente, libre para disfrutar la recompensa de tus promesas. _____ estará en paz trayendo paz a otros.

Padre, de acuerdo a tu Palabra, nos ha sido dado el ministerio de la reconciliación, y yo desato sobre la situación de esta familia este ministerio y la palabra de reconciliación. Me rehúso a provocar o irritar o inquietar a mi hijo. No seré duro con él/ella no sea que él/ella se desanime, sintiéndose inferior y frustrado. En el nombre de Jesús, y por el poder del Espíritu Santo, no he de quebrantar su espíritu. Padre, perdono a mi hijo por las cosas malas que pueda haberme hecho y me paro en la brecha hasta que él/ella entre en razón y escape de las garras del enemigo (rebelión). Gracias por vigilar tu Palabra para ponerla por obra, dirigiendo y reconciliando el corazón del hijo rebelde a sus padres, y los corazones de los padres a los hijos. ¡Gracias por regresar a mi hijo, a una relación saludable contigo y conmigo, para que nuestras vidas te puedan glorificar a ti!

Escrituras de referencia

Salmo 55:12-15	Proverbios 8:6,7
1 Pedro 5:7	Proverbios 22:6
Salmos 37:4	Isaías 1:19
Juan 14:6	Isaías 54:13
Efesios 6:1-3	2 Corintios 5:18, 19
1 Juan 1:9	Colosenses 3:21
Isaías 61:1	Juan 20:23
Juan 16:13	Ezequiel 22:30
Proverbios 15:31	Jeremías 1:12
Proverbios 13:1	Malaquías 4:6

Las oraciones
de
Jesús

Las oraciones de Jesús

Mateo 6:9-13

Vosotros, pues, oraréis así: Padre nuestro que estás en los cielos, santificado (se mantiene santo) sea tu nombre.

Venga tu reino. Hágase tu voluntad, como en el cielo, así también en la tierra.

El pan nuestro de cada día, dánoslo hoy.

Y perdónanos nuestras deudas, como también nosotros perdonamos (dejamos, cancelamos y soltamos las deudas, y renunciamos todo resentimiento en contra de) nuestros deudores.

Y no nos metas (traigas) en tentación, mas líbranos del mal; *porque tuyo es el reino, y el poder, y la gloria, por todos los siglos. Amén.*

Juan 17:1:26

Estas cosas habló Jesús, y levantando los ojos al cielo, dijo: Padre, la hora ha llegado; glorifica a tu Hijo, para que también tu Hijo te glorifique a ti.

[Así] Como le has dado potestad sobre toda carne (toda la humanidad), (ahora glorifícale) para que dé vida eterna a todos los que le diste.

Y esta es la vida eterna: [quiere decir] que te conozcan a ti (percibir, reconocer, familiarizarse, y entenderte), el único Dios verdadero, y [así mismo] a Jesucristo [como el] Cristo (el Ungido, el Mesías), a quien Tú has enviado.

Yo te he glorificado en la tierra; he acabado la obra que me diste que hiciese.

Ahora pues, Padre, glorifícame tú al lado tuyo, con aquella gloria que tuve contigo antes que el mundo fuese.

He manifestado tu nombre [he revelado tu persona misma, tu persona verdadera] a los hombres que del mundo me diste; tuyos eran, y me los diste, y han guardado tu Palabra.

Ahora [por fin] han conocido que todas las cosas que me has dado, proceden de ti, [son real y realmente tuyas];

Porque las palabras [dichas] que me diste, les he dado; y ellos las recibieron y [las] aceptaron, y han conocido verdaderamente [creer con seguridad absoluta] que salí de ti, y han creído que tú me enviaste.

Yo ruego por ellos; no ruego (pidiendo) por el mundo, sino por los que me diste; porque tuyos son,

Y todo lo (las cosas que son) mío es tuyo, y lo [las cosas que son] tuyo mío; y he sido glorificado en (a través de) ellos. [me han honrado; en ellos mi gloria es lograda].

Y [ahora] ya no estoy en el mundo; mas éstos [aún] están en el mundo, y yo voy a ti. Padre Santo, a los que me has dado, guárdalos en tu nombre [en el conocimiento de ti mismo], para que sean uno, así como nosotros [somos uno].

Cuando estaba con ellos en el mundo, yo los guardaba y protegía en tu nombre [en el conocimiento y adoración de ti]; a los que me diste, Yo los guardé, y ninguno de ellos se perdió, sino el hijo de perdición (Judas Iscariote, el que ahora está condenado a destrucción, destinado a estar perdido), para que la Escritura se cumpliese. (Salmo 41:9; Juan 6:70.)

Pero ahora voy a ti; y hablo esto en el mundo, para que tengan mi gozo cumplido en sí mismos [que ellos puedan experimentar mi deleite cumplido en ellos, que mi placer pueda ser perfeccionado en sus propias almas, que ellos puedan tener mi gozo dentro de ellos, llenando sus corazones].

Yo les he dado y entregado tu palabra (mensaje) y el mundo los aborreció, porque no son del mundo, como tampoco Yo soy del mundo.

No ruego que les quites del mundo, sino que los guardes del mal.

No son del mundo (mundanos, que pertenecen al mundo), [de igual forma] como tampoco yo soy del mundo.

Santifícalos [purifícalos, conságralos, sepáralos para ti, hazlos santos], en tu verdad; tu palabra es verdad.

Como tú me enviaste al mundo, así Yo los he enviado al mundo.

Y por ellos yo me santifico (dedico y consagro) a mí mismo, para que también ellos sean santificados (dedicados, consagrados, hechos santos) en la verdad.

Mas no ruego solamente por éstos [no es sólo por su beneficio que yo hago esta petición], sino también por los que han de creer (confiar, aferrarse, fiarse) en mí por la palabra de ellos.

Para que todos sean uno, [al igual] como tú, oh Padre, en mí, y yo en ti, que tambien ellos sean uno en nosotros; para que el mundo crea que tú me enviaste.

La gloria que me diste, yo les he dado, para que sean uno, así como Nosotros somos uno.

Yo en ellos, y tú en mí, para que sean perfectos en unidad, para que el mundo [definitivamente] conozca que tú me enviaste, y que [incluso] los has amado a ellos como también a mí me has amado.

Padre, aquellos que me has dado, [como regalo para mí] quiero que donde estoy yo, también ellos estén conmigo [tu regalo de amor hacia mí], para que vean mi gloria que me has dado; porque me has amado desde antes de la fundación del mundo.

Padre justo, el mundo no te ha conocido, pero Yo te he conocido, [de continuo] y éstos han conocido que tú me enviaste.

Y les he dado a conocer tu nombre, y lo daré a conocer aún, para que el amor con que me has amado, esté en ellos, [lo sientan en sus corazones] y yo [mismo pueda estar] en ellos.

Las oraciones de Pablo

Las oraciones de Pablo

Efesios 1:17-23

[Por que siempre oro] para que el Dios de nuestro Señor Jesucristo, el Padre de gloria, os dé espíritu de sabiduría y de revelación [de perspicacia en los misterios y secretos] en el conocimiento [profundo e íntimo] de Él,

Alumbrando los ojos de vuestro entendimiento, para que sepáis cuál es la esperanza a que Él os ha llamado, y cuáles las riquezas de gloria de su herencia en los santos [los suyos que están separados],

Y [para que puedan conocer y entender] cuál es la supereminente grandeza de su poder para con nosotros los que creemos, según la operación del poder de su fuerza,

La cual operó en Cristo, resucitándole de los muertos y sentándole a su [propia] diestra en los lugares celestiales,

Sobre todo principado y autoridad y poder y señorío, y sobre todo nombre que se nombra [sobre todo título que pueda ser concedido], no sólo en este siglo, sino también en el venidero;.y sometió todas las cosas bajo sus pies, y lo dio por cabeza sobre todas las cosas a la iglesia [una dirección ejercitada a través de la iglesia, Salmo 8:6]

La cual es su cuerpo, la plenitud de Aquel que todo lo llena en todo (pues en ese cuerpo habita la plenitud de Aquel que hace todo completo, y quien llena todo en todo lugar con sí mismo).

Efesios 3:14-21

Por esta causa [viendo la grandeza de este plan por el cual son edificados juntos en Cristo], doblo mis rodillas ante el Padre de nuestro Señor Jesucristo,

De quien toma nombre toda familia en los cielos y en la tierra [de aquel Padre de quien toda paternidad toma su título y deriva su nombre],

Para que os dé, conforme a las riquezas de su gloria, el ser fortalecidos con poder en el hombre interior por su Espíritu [Santo], Él mismo habitando en tu ser y tu personalidad más íntima];

¡Para que [realmente] habite Cristo (se acomode, viva, hacer su residencia permanente) por la fe en vuestros corazones! A fin de que, arraigados y cimentados en amor,

Seáis plenamente capaces de comprender con todos los santos [las personas devotas de Dios, la experiencia de ese amor] cuál sea la anchura, la longitud, la profundidad y la altura [del mismo],

Y de [que en realidad puedas] conocer [a través de la práctica, experimentándolo por sí mismo] el amor de Cristo, que excede a todo conocimiento [sin experiencia], para que seáis llenos [a través de todo tu ser] toda la plenitud de Dios [para que tengáis la medida más rica de la presencia divina, y ser un cuerpo completamente lleno e inundado con Dios mismo]!

Y a Aquel que (por consecuencia) es [por su acción] poderoso para [llevar a cabo su propósito y] hacer todas las cosas muchas más abundantemente de lo que (nos atrevemos) pedimos o entendemos [infinitamente más allá de nuestras oraciones, deseos, pensamientos, sueños o aspiraciones más altas], según el poder que actúa en nosotros,

A Él sea gloria en la iglesia en Cristo Jesús por todas las edades, por los siglos de los siglos. Amén (así sea).

Filipenses 1:9-11

Y esto pido en oración, que vuestro amor abunde aun más y más en ciencia y en todo conocimiento [que el amor vuestro se demuestre en forma más profunda en el conocimiento, y mejor comprensión del discernimiento],

Para que aprobéis lo mejor, a fin de seáis sinceros e irreprensibles para el día de Cristo, [reconociendo lo más alto y lo mejor, y distinguir las diferencias morales], [para que con corazones sinceros, seguros y sin mancha, puedan acercarse] para el día de Cristo [sin tropezar ni causando que otros tropiecen],

Llenos y con abundantes frutos de justicia (rectos delante de Dios y haciendo lo bueno) que son por medio de Jesucristo (el Ungido), para gloria y alabanza de Dios [que su gloria pueda ser tanto manifestada como reconocida].

Colosenses 1:9-12

Por lo cual también nosotros, desde el día que lo oímos, no cesamos de orar por vosotros, y de pedir [de forma especial] que seáis llenos del conocimiento (profundo y claro) de su voluntad en toda sabiduría [perspicacia comprensiva a los caminos y propósitos de Dios] comprensión y discernimiento e inteligencia espiritual,

Para que andéis (vivir y comportarse) como es digno del Señor, agradándole en todo, llevando fruto en todo buena obra, y creciendo en el conocimiento de Dios [con una revelación más amplia, profunda y clara, familiarización y reconocimiento);

(Oramos que sean) fortalecidos con todo poder, conforme a la potencia de su gloria, para [ejercer] toda paciencia y longanimidad (perseverancia y tolerancia) con gozo;

Dando gracias al Padre que nos hizo aptos para participar de la herencia de los santos (pueblo santo de Dios) en luz.

2 Tesalonicenses 1:11, 12

Por lo cual asimismo oramos siempre por vosotros, para que nuestro Dios os tenga por dignos de [vuestro] llamamiento, y cumpla todo [su] propósito de bondad y toda obra [vuestra] de fe con su poder (fe que es apoyar su completa personalidad humana en Dios, en completa confianza y fe en su poder, sabiduría y bondad),

Para que el nombre de nuestro Señor Jesucristo sea glorificado en vosotros, y vosotros (también glorificados) en Él, por la gracia (favor y bendición) de nuestro Dios y del Señor Jesucristo (el Mesías, el Ungido).

Registro de respuesta a oraciones

Después le halló Jesús en el templo, y le dijo: Mira, has sido sanado; no peques más, para que no te venga alguna cosa peor,

El hombre se fue, y dio aviso a los judíos, que Jesús era el que le había sanado.

Juan 5:14,15

Fecha   **Explicación**

Registro de respuesta a oraciones

Después le halló Jesús en el templo, y le dijo: Mira, has sido sanado; no peques más, para que no te venga alguna cosa peor,

El hombre se fue, y dio aviso a los judíos, que Jesús era el que le había sanado.

Juan 5:14,15

Fecha	Explicación

Registro de salvación

Porque de tal manera amó Dios al mundo, que ha dado a su Hijo unigénito, para que todo aquel que en él cree, no se pierda, mas tenga vida eterna.

Juan 3:16

Fecha de nacimiento espiritual

Nombre

_____   _____

_____   _____

_____   _____

_____   _____

_____   _____

_____   _____

_____   _____

_____   _____

_____   _____

_____   _____

Registro de salvación

Porque de tal manera amó Dios al mundo, que ha dado a su Hijo unigénito, para que todo aquel que en él cree, no se pierda, mas tenga vida eterna.

Juan 3:16

Fecha de nacimiento espiritual

Nombre

_____   _____

_____   _____

_____   _____

_____   _____

_____   _____

_____   _____

_____   _____

_____   _____

_____   _____

Registro de sanidad

Ciertamente llevó él nuestras enfermedades, y sufrió nuestros dolores; y nosotros le tuvimos por azotado, por herido de Dios y abatido. Mas él herido fue por nuestras rebeliones, molido por nuestros pecados; el castigo de nuestra paz fue sobre él, y por su llaga fuimos nosotros curados.

Isaías 53:4-5

Sanado

Fecha

Registro de sanidad

Ciertamente llevó él nuestras enfermedades, y sufrió nuestros dolores; y nosotros le tuvimos por azotado, por herido de Dios y abatido. Mas él herido fue por nuestras rebeliones, molido por nuestros pecados; el castigo de nuestra paz fue sobre él, y por su llaga fuimos nosotros curados.

Isaías 53:4-5

Sanado

Fecha

Sobre el autor

Germaine Griffin Copeland, presidente y fundadora de Word Ministries, Inc., es la autora de la *Familia de Libros de Oraciones con poder.* Sus escritos proveen instrucciones de oraciones escriturales para ayudarle a orar de forma efectiva por aquellas cosas que le interesa a usted y a su familia y por otras asignaciones en la oración. Su enseñanza sobre la oración, el crecimiento personal del intercesor, la sanidad emocional y temas relacionados, han traído comprensión, esperanza, sanidad y libertad al herido emocionalmente y al desanimado. Ella es una mujer de oración y alabanza, y cuya mayor forma de adoración la expresa por medio del estudio de la Palabra de Dios. Su mayor anhelo es conocer a Dios.

Word Ministries, Inc., es un ministerio de oración y enseñanza. Germaine cree que Dios la ha llamado a enseñar las aplicaciones prácticas de la Palabra de Verdad para una vida de éxito y victoria. Después de años de diligente búsqueda por la verdad, y tratar una y otra vez de salir de la depresión, ella decidió que era un error. Desde lo profundo de su desesperación, clamó al nombre del Señor y la luz de la presencia de Dios invadió la habitación donde ella estaba sentada.

Fue en ese momento que experimentó el cálido amor de Dios; las cosas viejas pasaron y se sintió completamente nueva. Descubrió una motivación para vivir; la vida tenía propósito. Viviendo en la presencia de Dios, ella ha encontrado un amor y aceptación incondicional, sanidad para las enfermas emociones, conformidad que conquista la depresión, paz en medio de circunstancias adversas, y gracia para desarrollar relaciones saludables. El continuo proceso de transformación se convirtió en un orar por los demás y la oración de intercesión se convirtió en su centro de oración.

Germaine es la hija del Reverendo A.H. "Buck" Griffin y de la difunta Donnis Brock Griffin. Ella y su esposo, Everette, tienen cuatro hijos, cinco nietos y dos bisnietos. Germaine y Everette viven en Sandy Springs, un suburbio de Atlanta, Georgia.

Las oficinas de Word Ministries están localizadas en Historic Roswell, 38 Sloan Street, Roswell, Georgia 30075. Teléfono 770-518-1065.

Usted puede ponerse en
contacto Word Ministries
escribiendo a:

Word Ministries, Inc.
38 Sloan Street
Roswell, Georgia 30075
o llamando 770-518-1065

Por favor, incluya su petición de oración
y comentarios cuando nos escriba.